KB167601

고 전 으 로
미 래 를
읽 는 다

0   2   5

명상록

Meditation

M.아우렐리우스 지음 장백일 옮김

홍신문화사

책
머리에

이 책은 약 2천 년 전에 마르쿠스 아우렐리우스가 쓴 글들을 모아 엮은 것이다.

아우렐리우스는 로마 제국의 황제이자 스토아 철학을 깊이 연구했던 철학자로서 《명상록》은 그의 사상적 결집일뿐만 아니라 스토아 철학을 한눈에 알게 해주는 대표적인 책이라고 할 수 있다. 이 책은 비록 고대에 쓰여졌지만 어느 시대에나 통용될 수 있는 인간 존재의 문제와 삶의 문제를 다루었기 때문에 독자들은 현대 사회에서 당면한 문제들을 헤쳐나갈 수 있는 지혜를 얻을 수 있다.

에리히 프롬은 현대인들이 산업사회의 물질 문명과 소비 지상주의에 빠져 자신의 존재를 잃고 있으며, 소비하고 소유하는 것으로써 자신의 존재를 확인하려 하기 때문에 모든 삶이 소외된 형태로 나타난다고 하였다. 이러한 상황에서 우리는 과연 어떻게 자기의 존재를 되찾고 인간다운 삶을 누릴 수 있을 것인가.

아우렐리우스는 인간과 자연의 본질을 밝히면서 근본적인 것에서부터 그 해결책을 조용히, 그러나 깊이 있게 들려주고 있다.

인간이란 우주의 질서, 즉 신의 섭리에 의해 태어난 보잘것없는 존재에 지나지 않으며, 세상의 모든 물질이나 사건은 다 우주의 존립을 위해 필요한 것들이므로, 인간은 그에 거역하지 말고 자연의 법칙에 따라야 한다는 것이다. 이것은 종교에서 말하는 절대적인 복종과는 다르다. 자기의 현세적인 덧없고 끝없는 욕망을 절제함으로써 세상을 관조하게 되면 자연히 마음의 평정을 얻게 되어 자연의 일부인 자기의 본성을 되찾게 된다는 뜻으로, 인간 스스로의 절제와 인내가 전제되어 있다.

　자연에 대한 겸손함, 운명에 순종해야만 한다는 그의 태도는 진취적이고 도전적인 것을 미덕으로 여기는 우리로서는 언뜻 받아들이기 힘든 것일지도 모른다. 그러나 인간은 누구나 자연에 따르고 마음의 평정을 얻을 능력이 있다는 낙관적인 견해와, 인간은 모두 평등하다는 그의 코스모폴리타니즘(cosmopolitanism)은 우리가 주목해야 할 태도일 것이다.

명상록

contents

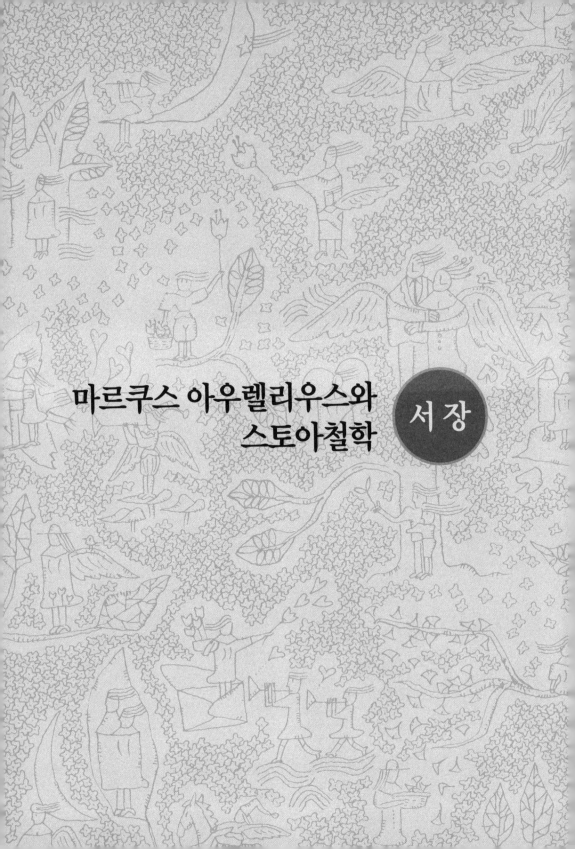

마르쿠스 아우렐리우스와 스토아철학

서장

1. 마르쿠스 아우렐리우스의 생애

로마의 철인 황제(哲人皇帝) 마르쿠스 아우렐리우스
(Marcus Aurelius)는 121년 4월 26일, 로마에서 집정
관 안니우스 베루스의 아들로 태어났다. 그는 성실하
고 진지한 성격으로 당시의 황제였던 하드리아누스(Hadrianus)의 총애
를 받았으며, 프론토(Fronto) 등의 유능한 선생에게 교육을 받았다.

하드리아누스 황제는 안토니누스 피우스(Antoninus Pius)를 그의 후
계자로 지명했는데, 하드리아누스가 죽자 제위에 오른 안토니누스는 아
우렐리우스를 양자로 맞았다. 이때부터 아우렐리우스의 정치가로서의
삶이 열리기 시작했다. 아우렐리우스는 140년과 145년, 161년 세 차례
나 집정관을 지내면서 정치에 관한 여러 가지 업무와 방법 등을 배워 양
부 안토니누스 황제를 도왔다.

아우렐리우스는 그 즈음 스토아 철학에 심취하였는데, 실제로 그는
나중에 스토아 철학의 대표적 사상가 중 한 사람이 되었다. 이때부터 그
는 수많은 사람들에게 삶의 의미와 살아가는 태도를 제시해 준 《명상록
(Meditation)》을 조금씩 쓰기 시작했다.

161년, 안토니누스의 뒤를 이어 황제가 된 그는, 플라톤이 이상 국가
(理想國家)의 정치 형태로 제시했던 바로 그 철인왕(哲人王)이 되었다.

아우렐리우스는 그의 의형제인 루키우스 베루스와 로마 역사상 처음으로 공동 황제가 되었다. 그들은 비록 법률상으로는 똑같은 황제의 지위에 있었으나 실권은 아우렐리우스에게 있었다.

그는 생애의 대부분을 전쟁터에서 싸우거나, 아니면 전염병 퇴치와 타락한 윤리의 회복을 위해 고심하면서 지냈다. 그 무렵 로마 제국은 계속 정복 전쟁을 일으켜 유럽과 아프리카 북부에 걸친 거대한 영토를 가지게 되었으므로, 변방 게르만 족의 침입과 식민 속주의 반란에 끊임없이 대처해야만 했기 때문이었다. 그야말로 파커슨의 "그의 머리카락은 영국의 차가운 바람, 아프리카의 타는 듯한 태양 아래서 새하얗게 되었다."는 말처럼 황제는 대부분의 시간을 전쟁터에서 보냈던 것이다.

변방의 게르만 족들을 다뉴브 강 건너로 퇴치시킨 뒤인 169년에 베루스가 죽고 나자 아우렐리우스는 혼자서 모든 일을 감당해야만 했다.

175년, 시리아의 총독 갓시우스가 반란을 일으켰다. 그는 이집트를 장악한 다음, 아우렐리우스가 죽었다는 소문을 퍼뜨리고 나서 자신이 제국의 황제라고 선언했다. 이 소식을 전해 들은 아우렐리우스 황제는 군사들을 향해 다음과 같은 연설을 하였다.

병사 제군들이여, 내가 제군들을 찾아온 것은 불평하거나 슬퍼하기 위해서가 아니다. 만능의 신에게 어찌 화를 낼 수가 있겠는가? 하지만 부당하게 불행을 당한 사람이라면 한탄하지 않을 수 없다. 내가 지금 그러한 일을 당한 것이다. 우리들이 전쟁에서 또 다른 전쟁으로 휩쓸리게 되는 것이 두렵지 않겠는가? 같은 동포끼리 서로 잡아먹겠다고 광분하는 것은 어리석은 일이다. 사람들 사이에 신뢰감이 무너져 나와

친한 자에게 배신을 당하고, 잘못을 하지 않았음에도 싸움에 말려드는 것보다 더 무섭고 어리석은 일은 없을 것이다.

가능하다면 제군들이나 원로들 앞에 갓시우스를 불러내어 답변을 시키고 싶은 심정이다. 만일 그가 저지른 일이 공공의 이익을 위하여 유익하다면 나는 기꺼이 그에게 지도권을 넘겨주고 싶다.

그는 갓시우스가 병사들 앞에 나오기를 부끄러워하여 자살이나 하지 않을까, 아니면 누가 그를 죽이지나 않을까 걱정하였다. 아우렐리우스는 부정을 저지르고 우정을 배신한 갓시우스를 용서할 작정이었다. 그런데 갓시우스는 자신의 부하에게 피살당하고 말았다. 갓시우스의 목이 황제 앞으로 보내졌을 때, 그는 오히려 자비로 용서해 줄 기회를 잃은 것을 슬퍼하였다.

아우렐리우스의 이러한 박애주의는 '자연에 따르는 삶'을 주장한 스토아 철학에 의한 것이므로 플라톤이 실현하려던 사상과는 차이가 있다. 플라톤에게서는 인류애나 박애주의 사상은 거의 찾아 볼 수 없으며, 단지 한 나라를 강하게 만들고 잘 다스릴 수 있다면 박애주의나 인류애를 거의 무시해도 상관이 없었다.

그의 '이상 국가'를 건설하기 위해서는 무엇보다도 국방(國防)이 중요하였으나, 아우렐리우스의 사상에는 적군까지도 사랑하려는 일면이 있었다.

그렇지만 그의 이러한 박애주의 사상과 로마 제국의 황제라는 현실 사이에는 큰 차이가 있었다. 변방의 이민족들에 의한 침략, 제국 내 식민 속주들의 반란이 끊임없이 발생하는 상황에서 박애주의란 단지 이상에 불과했다. 그는 계속되는 전쟁에서 진군과 박해, 탄압의 명령을 내릴 수밖에 없는 상황에 괴로워했을 것이다.

이상과 현실의 이러한 차이 속에서 그는 정치와 철학을 각각 계모와 생모로 비유함으로써 그 모순을 해결하려 했다. 즉 전자를 섬기기는 하지만, 이따금 돌아와서 휴식을 취하는 것은 후자라고 하였다. 그리고 아우렐리우스로서는 로마에, 인간으로서는 우주에 속한다고 함으로써 자기의 철학 사상에 위배되지도, 현실을 무시하지도 않을 수 있는 돌파구를 마련한 셈이었다.

아우렐리우스의 재위 기간은 네르바, 트라야누스, 하드리아누스, 안토니누스 피우스에 이어 로마 제국의 최전성기라 일컬어지는 '5현제(五賢帝) 시대'에 속하는데, 96년부터 180년 사이인 이 무렵에는 정치적 안정, 경제적 번영, 영토의 확장이 어느 시대보다 월등하였으며, 아우렐리우스 역시 이전 황제들의 선정(善政)을 유지하였다.

아우렐리우스는 가난한 아이들을 위한 학교를 세우고 고아원과 의료원에 기부를 하고, 세제(稅制)를 개혁하고, 형법의 형벌 조항을 완화하고, 노예나 자식에 대해 그 주인이나 아버지가 갖는 절대적 권한을 줄이고, 관리는 실적에 맞게 진급시키는 등의 개혁을 실시했다.

그러나 이러한 개혁은 행정 부담의 증가, 지방 자치제의 권한 축소, 전쟁 기부금에 의한 통화 가치 폭락 등을 야기시켜 그 가치가 떨어지기도 했다. 그리고 방탕하고 평판이 좋지 못한 아들 콤모두스를 후계자로 정한 일이나 기독교도를 박해한 일로 그의 치적이 평가 절하를 당하기도 했다.

아우렐리우스의 선정에 비하여 지울 수 없는 잘못은 바로 기독교도에 대한 박해였다.

당시 기독교 신자들은 신전이나 제우스 상, 그밖의 신상 앞에서 절을 하지 않았을 뿐만 아니라 그것들을 업신여김으로써 로마인들의 미움을 사고 있었다. 그리고 기독교가 공식적으로 승인되기 이전의 로마에서는 그에 대한 박해와 탄압이 계속되어 왔다.

아우렐리우스는 기독교를 미신적인 것, 유해한 것, 부도덕한 것으로 여겼는데 그것은 아마 스승인 프론토나 에픽테토스의 영향이었을 것이다. 아무튼 그는 조상들의 종교에 대한 깊은 애착과 옛 신앙이 기독교의 확산으로 침식당할지도 모른다는 우려 때문에 기독교에 대하여 강경한 조치를 취했을 것이다.

그러나 기독교 박해에 대한 비난에도 불구하고 그는 전염병과 내란, 전쟁 등 수많은 재난을 끊임없이 겪은 불우한 황제인 동시에 180년 페스트로 인해 갑자기 죽음을 맞을 때까지 그것을 꺾이지 않는 의지로 이겨나간 훌륭한 황제였다.

그는 계속되는 재난 속에서 살았음에도 불구하고, 전쟁터의 진영에서조차 《명상록》을 쓴 것으로 알 수 있듯이, 거기서 도피하려 하기보다는 외부적인 압력이 미치지 못하는 마음속에서 휴식을 취하려 했으며, 자연의 원리, 즉 운명에 항상 순응하려는 자세로 일평생을 살아간 철인왕이었다.

마르쿠스 아우렐리우스는 사색, 혹은 명상의 황제라고 불리는데, 그것은 그가 전쟁의 소용돌이 속에서도 끊임없이 독서와 사색에 몰두하였기 때문이다. 그 사색의 결과로 만들어진 것이 바로 《명상록》이다.

2. 스토아 철학

마르쿠스 아우렐리우스는 스토아 철학을 연구한 철학자였으므로, 그의 사상을 알기 위해서는 먼저 스토아 철학에 대한 전반적인 이해가 필요하다.

스토아 철학은 기원전 3세기경에 퀴닉(Kynik) 학파를 계승하고 헤라클레이토스(Herakleitos)의 로고스(logos) 설을 발전시킨 것으로 그리스의 제논(Zenon)에 의해 창시되었다. '스토아'라는 명칭은 그들이 아테네의 스토아 포이킬레(Stoa poikile : 채색된 전당)에서 학문을 강의했던 데서 유래되었다.

스토아 철학의 발전 과정은 세 단계로 나누어 볼 수 있는데, 초기의 학자로는 제논과 그의 제자인 클레안테스(Kleanthes), 클레안테스의 제자인 크리시포스(Chrysippos)를 들 수 있다. 제논은 인생의 목적은 행복에 있고 행복은 우주를 선하게 지배하는 자연(logos)에 따라서 생활하는 데 있다 하여 도덕적인 삶을 중시하였다. 클레안테스는 의지를 모든 덕의 원천으로 생각했는데, 저서로는 《제우스(Zeus) 찬가》가 전해지고 있다. 크리시포스는 스토아 학설의 완전한 체계를 이룩하여 스토아 학파의 '제2의 창시자'로 불린다.

두 번째 단계는 기원전 1~2세기로, 중기의 학자로는 파나이티오스(Panaitios)와 그의 제자인 포세이도니오스(Poseidonios) 등이 있다. 이들은 다른 학파와 교류하고 로마 인들과 접촉하며 초기 스토아 사상에 플라톤과 아리스토텔레스의 사상을 절충시켜 스토아 철학을 로마에 보급시켰으나, 저서는 일부만 전해지고 있다.

스토아 철학이 가장 발전된 말기는 로마 제정 시대였다. 그 무렵의 학자는 세네카, 에픽테토스, 마르쿠스 아우렐리우스를 들 수 있다. 집정관을 지냈던 세네카는 영혼과 육체의 구별을 강조하여 스토아 학파의 이론을 발전시켰으며, 노예 출신인 에픽테토스는 범신론(汎神論)과 코스모폴리타니즘을 주장하였다.

스토아 학파는 아리스토텔레스의 학원에서 정한 철학의 세 분과, 즉 논리학·물리학·윤리학의 탐구에 힘썼는데, 제논의 영향으로 윤리학에 치중하게 되었다.

스토아 학파의 도덕 철학은 행복의 추구였지만 쾌락에서 행복을 추구한 에피쿠로스 학파와는 달리 지혜를 통하여 행복을 추구했다. 즉 지혜에 의해서 인간의 능력이 미치는 것을 통제하고 인정해야 한다고 했다. 그들은 조용하고도 용기있게 죽음을 맞이한 소크라테스의 영향을 많이 받았는데, 죽음의 위협 앞에서 감정을 억제한 놀라운 그의 태도를 삶의 귀감으로 삼았다.

에픽테토스는 다음과 같이 말했다.

"나는 죽음을 피할 수가 없다. 그러나 죽음의 두려움은 피할 수 있지 않을까?"

"사건들이 당신의 의도대로 일어나기를 바라지 말라. 오히려 그것들이 일어나는 대로 진행되기를 원하라. 그러면 당신의 모든 일이 잘 될 것이다."

말하자면 우리는 모든 사건을 통제할 수 없으며 단지 일어나는 일에 대한 우리의 자세만을 조정할 수 있다. 따라서 미래에 일어날 사건들을 두려워하는 것은 부질없는 짓이다. 어쨌든 그 사건들은 일어날 것이기 때문이다. 그러나 의지의 행위에 의해서 공포를 억제하는 것은 가능하다. 그러므로 사건들을 두려워할 필요는 없다. 실제로 우리가 두려워할 일은 없으나 바로 그 자체를 두려워할 뿐이다.

이상에서 보듯이 스토아 철학의 결론은 개인의 태도를 충분히 조정할 수 있다는 것이었다. 그들은 세계는 어떻게 되어야 하며 인간은 어떻게 이 세계에 적응하는가를 고찰함으로써 그러한 결론에 도달했다. 그들에 의하면, 세계는 인간과 사물들이 목적의 원리에 따라 행동하는 질서 정연한 장소이다. 그들은 자연 전체에 이성과 법칙이 작용한다고 했는데, 이를 설명하기 위해 특별한 신의 개념을 도입했다. 그들이 말하는 신이란 자연 전체, 즉 모든 사물 안에 존재하는 이성적인 실체이다. 자연의 모든 구조를 통제하고 배열하며, 사건들의 발생을 결정하는 것이 바로 '전체에 퍼져 있는 실제적인 형태의 이성', 즉 신이다.

스토아 철학의 중심 관념은 신이 만물 안에 내재한다는 개념이다. 신은 불, 힘, 로고스, 이성이며 신이 만물에 내재한다는 것은 곧 자연 전체가 이성의 원리로 가득 차 있다는 뜻이다. 신, 즉 로고스는 불, 기(氣), 물, 땅을 만들고 그것을 혼합하여 만물을 만들어 낸다. 로고스는 쇠에서는 단단함으로, 돌에서는 밀도로, 은에서는 하얀 광택으로 부른다. 그리고 모든 사물의 최후는 원래의 것으로 돌아가고 다시 새롭게 만들어지는데, 그것은 긴 세월을 주기로 하여 되풀이된다.

스토아 철학자들은 이러한 현상이 운명적으로 이미 예정되어 있다고 보므로 흔히 운명론이니 숙명론이니 하고 부르기도 한다. 마치 씨앗에 그것이 자라게 될 요소가 모두 포함되어 있듯이 만물의 모든 현상은 처음부터 로고스 안에 존재한다. 그런데 그것은 우주, 즉 신에 의해 정해진 섭리이기도 하다. 이렇게 우주는 전체로서 유기체(有機體)를 이루고 있으며 필연에 의해, 결정에 의해 지배된다. 즉 운명이 이미 결정되어 있다는 것이다.

스토아 철학자들은 인간의 본질에 대하여 다음과 같이 주장했다. 세계가 이성, 혹은 신에 의해 퍼진 물질적 질서인 것처럼 인간도 그것에 의해 퍼진 물질적 존재이다. 인간이 자신의 내부에 신성(神性)을 가지고 있다는 것은 바로 인간이 신의 실체의 일부분을 포함하고 있다는 의미이다. 그리고 신은 세계의 영혼이며 인간의 영혼은 신의 일부분이다. 인간의 영혼은 신에게서 비롯되어 물리적인 방식으로 부모에 의해 자식에게 전달된다. 그런데 신은 로고스, 즉 이성이기 때문에 인간의 영혼 또한 이성에 뿌리박고 있으며, 결국 인간의 개성은 이성의 힘 속에서 독특하게 표현된다.

그러나 스토아 학파에게 인간의 이성 능력은 인간이 사유, 추론할 수 있다는 것이 아니라 사물들의 실제적인 질서와 그 속에서의 인간의 위치를 인식할 수 있다는 의미이다. 즉 모든 사물이 하나의 법칙을 따른다는 사실을 인식하는 것인데, 이 법칙의 질서에 인간의 행동을 관련시키려는 것이 스토아 학파의 도덕 철학의 주된 관심사였다.

에픽테토스는 이러한 문제들을 연극과 비교하여 설명하였다. 인간은 연극 속의 배우로 간주되는데, 배우가 자신의 역할을 택하는 것이 아니라, 여러 가지 배역을 담당할 배우를 선택하는 것은 연출가나 작가라는 것이다. 세계라는 연극 속에서 개인이 각 인간의 배역과, 역사 속에서 개인이 처해야 할 상황을 결정하는 것은 이성의 원리인 신이다. 인간의 지혜는 이 연극에서 자신의 역할을 인정하고 맡은 부분을 잘 수행해내는 것으로 그 진가가 발휘된다.

"당신이 가난한 자의 역할을 하는 것이 신의 즐거움이라면 당신은 그 역을 잘 해내야 한다. 절름발이나 지배자, 혹은 소시민의 경우도 마찬가지이다. 왜냐하면 주어진 역할을 잘 해내는 것이 당신이 할 일이기 때문이다."

배우는 다른 배역이나 배경의 모양과 형태 그리고 줄거리나 주제에 대한 통제 권한이 없다. 그러나 배우가 통제할 수 있는 일이 한 가지 있다. 그것은 그의 태도와 감정이다. 그가 단역을 맡았기 때문에 샐쭉할 수도 있고, 다른 사람이 영웅역을 맡은 것을 시샘할 수도 있다. 그러나 그러한 샐쭉함, 시샘 등이 자신이 단역을 맡은 것이나, 영웅이 되지 못한 사실 자체를 변화시키지는 못한다. 다만 이러한 감정에 의해서 그의 행복이 사라질 뿐이다. 그가 이러한 감정에서 자유로워질 수 있거나 무관심해진다면, 그는 현명한 사람이 누리는 평정과 행복을 얻을 수 있다. 현자(賢者)는 자신의 역할이 무엇인지를 아는 사람이다.

스토아 학파에서는 자기의 역할을 아는, 즉 자연에 따라 생활하는 사람을 현자라고 하며, 현자의 경지에 이른 마음의 상태를 아파테이아(apatheia : 不動心)라고 한다. 아파테이아란 외부의 자극에 의한 쾌락과 고통, 기쁨과 슬픔, 좋아함과 싫어함 등의 파토스를 자제할 수 있는 초연한 무감동의 경지를 가리킨다. 이러한 아파테이아의 경지에 이르러 본능적 욕정에 흔들리지 않는 사람이 바로 현자이다.

인간은 자신의 마음대로 살 수 없다. 인간은 신이 창조하고 주관하는 우주의 미진한 존재에 불과하기 때문에 신의 섭리에 거역하거나 대항해서는 안 된다는 것이 그들의 주장이다. 이를 연극에 비유하면, 인간은 자기 배역을 선택하지는 못하며 단지 그 배역에 대한 태도만을 자유롭게 선택할 수 있다는 것이다. 즉 인간의 자유란 자기 운명을 스스로 결정하는 것이 아니라 이미 신에 의해 정해진 테두리 내에서 만족하거나 불만을 품을 수 있다는 것이다.

그런데 그들은 섭리가 만물을 지배하되 인간의 태도를 지배하지는 못한다는 사실에 대해 다음과 같이 설명했다.

전 우주 안에 있는 만물은 법칙 혹은 이성에 따라 행동하지만, 인간은 그 법칙에 대한 자신의 지식에 따라 행동하는데 그것이 바로 인간의 특징이다. 하지만 인간이 지식을 얻는다고 해서 그가 죽는다든가, 나이가 든다든가 하는 사실은 변하지 않는다. 다만 인간은 지식이 있기에 앞으로 무슨 일이 일어날 것인가를 알고 있다.

따라서 인간이 자연의 법칙을 알고 있으며 자기 역할이 필연적임을 이해한다면 그는 억지로 운명에 반대하지 않고 역사와 보조를 맞추어 갈 것이다. 행복은 선택의 결과가 아니라, 이미 필연적으로 정해진 과정에 묵묵히 따르는 데서 생긴다. 그러므로 '자유'는 우리의 운명을 변경시키는 힘이 아니라 마음의 혼란이 없는 것을 뜻한다.

스토아 학파는 세계주의, 즉 만인은 같은 인간 공동체의 시민이며 평등하다는 주장을 했는데, 이는 스토아 철학의 우주관에서 나올 수밖에 없는 필연적 결론이다.

키케로는 다음과 같이 말하고 있다.

"이성은 인간에게도 신에게도 존재하기 때문에 인간과 신의 첫 공동 소유물은 이성이다. 또한 이성을 소유하는 사람들은 올바른 이성, 곧 법을 신과 공동 소유해야 한다. 더욱이 법을 공유하는 자들은 정의를 공유해야 하며, 이를 공유하는 자들은 같은 국가의 구성원으로 간주되어야 한다."

스토아 학자들은 이렇게 이성으로 결속된 인간은 지식이나 지위, 성별, 인종; 빈부를 초월해 모두가 평등하다는 코스모폴리타니즘을 주장했다.

이러한 보편적인 형제애, 즉 만민 평등 사상과 정의에 대한 보편적인 자연법(自然法) 이론은 서구의 정신에 지대한 기여를 하였다.

스토아 학파는 윤리학의 실천적인 관심사를 강조했으며, 절제를 윤리의 핵심으로 보았고, 행복을 목적으로 추구했다. 스토아 학파에 의해 수행된 가장 특기할 만한 변화는 그들이 세계를 우연의 산물이 아니라 질서 정연한 정신, 즉 이성의 산물로 보았다는 사실이다. 스토아 학파는 이러한 견해로 인간의 지혜의 가능성에 대해 낙관적인 기대를 했다.

3. 마르쿠스 아우렐리우스와 《명상록》

《명상록》은 마르쿠스 아우렐리우스가 로마 황제의 입장을 떠나 사색하는 한 사람의 생활인, 그리고 스토아 학파의 대표적 철학자로서 자신의 사상과 체험을 토대로 쓴 에세이로서 그의 사상이 잘 나타나 있다.

스스로 인생을 올바로 살기 위하여 경계하고 깨우치는 목적으로 쓴 일종의 수기인데, 자신의 결함을 경계한 것, 행한 일을 반성하고 스토아적 입장에서 스스로에게 충고한 것, 귀감이 될 만한 다른 사람의 글을 발췌한 것 등으로 그 내용이 구성되어 있다. 이 글은 그때그때 체험에서 우러나온 단상(斷想)들을 틈틈이, 즉 전시(戰時)의 진중이나 정사를 돌보는 사이에 쓴 것이며, 어릴 때부터 익혀 온 수사학의 재능을 십분 발휘한 아름다운 문장이라 평가된다.

편의상 전체를 12권으로 나누고 있지만 일정한 기간에 어떤 주제를 놓고 이루어진 것이 아니므로 논리적인 체계가 완벽하다고 할 수는 없다. 그러나 아우렐리우스는 스토아 철학의 사상적 기반으로 이 책에 일관된 흐름을 부여하여 내용상으로는 하나의 체제를 이루고 있음을 알 수 있다.

체계화된 사상일수록 그 사상의 내용에 우주론, 인간론, 그리고 정치 사회론을 모두 담고 있어야 하며, 이 세 가지가 서로 모순되지 않고 잘 맞아떨어져야 한다. 그런데 《명상록》은 단편적인 철학적 수상(隨想)들을 모아 놓은 것인데도 위의 세 가지 요소를 모두 갖추고 있으며, 글을 읽어 내려감에 따라 각 구절마다 그의 사상적 깊이를 발견할 수 있다.

아우렐리우스의 사상은 그가 평생을 두고 연구하고 고민했던 스토아 철학에 기반을 두고 있다. 인간의 가장 본질적인 문제인 삶과 죽음의 문제, 그리고 그것을 지배하는 자연이라는 거대한 신, 살아가면서 부딪치는 갖가지 삶의 국면을 굳건한 사상적 바탕 위에서 다루고 있기 때문에 흔히 《명상록》은 스토아 철학의 진수를 설명한 것으로도 평가되고 있으며, 에픽테토스의 《어록(語錄)》과 함께 고대의 명저로 손꼽히고 있다.

《명상록》은 어떤 초기 편집자가 12권으로 분류했었는데, 첫째 권을 제외하고는 내용이 뒤섞여 있어서 각 권의 내용을 만족할 만하게 요약하기는 어렵지만, 대략 요점을 추려 보면 다음과 같다.

제1권은 자신에게 영향을 준 사람들로부터 배우게 된 교훈이 겸손하게 언급되어 있다. 제2권은 행동하는 것에 대해서, 제3권은 진정한 자유인 신에 대한 복종에 대해, 제4권은 기회의 부재에 대해, 제5권은 운명과 역할에 대해, 제6권은 내면적 삶의 절대적인 중요성에 대해, 제7권은 충동의 억제와 자기 만족의 추구에 대해, 제8권은 마음의 평정에 대해, 제9권은 자발적인 의지와 인간을 지배하는 운명에 대해, 제10권은 개인의 주변 환경과 그에 관한 성찰에 대해, 제11권은 이타주의(利他主義)에 대해, 제12권은 죽음의 초월에 대해 쓰여 있다.

제1권에서 그는 모든 것을 자신의 힘으로 터득한 것이 아니고 조상, 부모, 스승, 신들로부터 배운 것이라고 했는데, 우리는 여기서 그의 겸손함을 발견할 수가 있다. 그리고 자기가 처한 위치, 상황, 환경에 대해 만족하고 감사하는 생활 자세를 엿볼 수 있다.

제2권부터는《명상록》의 본론이라 할 수 있는데, 일정한 형식을 갖추지 않은 단편적인 글들이라 내용이 다소 중복되고, 또 축약된 말들이 있어서 어려운 곳도 있으나 앞에서 스토아 철학에 대한 개괄적인 해설을 읽었다면 아마 별무리 없이 읽어 나갈 수 있을 것이다.

그러면 먼저 자연, 즉 우주에 대한 견해부터 보기로 하자. 자연의 법칙인 운명에 순종하면서 사는 것이 스토아 철학의 입장이듯 아우렐리우스는 다음과 같이 말했다.

우주 만물은 줄곧 신의 섭리에 따라 움직인다. 우연히 발생하는 일도 자연의 원리에 따라 이미 예정되어 있었던 것이며, 모든 것은 신의 섭리에 의해 다스려지고 모두 이 섭리와 관련이 있다. ……당신도 이 우주의 일부분이다. 그밖의 모든 것도 자연의 일부분이다. 그러므로 본성이 시키는 대로 행동하고, 그 본성을 계속 간직하는 것은 선(善)을 추구하는 것과 같다.

— 제2권 3장

그리고 그는 인간이란 영원한 시간 속에서 순간적으로 살다 가는 덧없는 존재라 하며, 각 권에서 명성이나 부(富) 등을 하찮은 것이라고 반복해서 강조하고 있다.

사후에 명성을 남기려고 연연해하는 사람은 그를 기억하는 사람들 역시 곧 죽게 된다는 사실을 생각하지 않고 있다. 어떠한 명성도 그것을 기억하고 있는 소수의 사람을 통해 전해지다가 결국은 사라져 버리고 만다. ……당신이 이미 죽은 후에 그들의 찬양은 아무 의미도 없는 것이다.

— 제4권 19장

그는 또 죽음이란 것을 다른 사물로 분해, 변화되는 것으로 보았으며, 자연에 따라 일어나는 현상이므로 해악이 있을 수 없다고 하였다.

《명상록》의 전반적인 특징을 한마디로 지적한다면 모든 것은 마음가짐에 달려 있다는 것이다. 인간이란 이성을 가진 존재이기 때문에 어떠한 외부의 자극이나 압력에도 굴하지 않을 수 있으며 평정을 누릴 수 있는 능력있는 존재라 하였다.

　　지금 당신이 외부적인 어떤 것 때문에 고통을 받는다면 당신은 자
신을 괴롭히는 것이 외부적인 것이 아니라 그것에 대한 당신의 판단
이라는 사실을 깨달아야 한다.

　　　　　　　　　　　　　　　　　　　　　　　　— 제8권 47장

제1권

1

할아버지 베루스(Verus)에게서는 온화하고 고귀한 인품과 성급하지 않은 차분한 마음을 배웠다.

2

아버지에 대한 평판과 추억으로부터는 절도(節度)와 강인한 기질을 배웠다.

3

어머니에게서는 신(神)에 대한 경건함과 자비를 배웠다. 또 사악한 행동을 삼갈 뿐 아니라 그런 생각조차도 멀리하는 절제를 배웠다. 그리고 부자들의 생활과는 거리가 먼 검소한 생활 태도를 배웠다.

4

증조부에게서는 학교에 다니는 것보다는 집에서 훌륭한 선생에게 배우는 편이 낫다는 것을, 그리고 그런 일에는 돈을 아끼지 말아야 한다는 것을 배웠다.

5

스승에게서는 프라시아누스 파〔원형 경기장의 경기자나 검사(劍士)의 집단. 옷의 색깔과 경주 마차 등에서 비롯된 명칭〕와 베네투스 파, 파르물라 리우스 파와 스쿠타리우스 파, 그 어느 쪽도 열광적으로 후원해서는 안 된다는 것을 배웠다. 그리고 고생을 참고, 작은 것에 만족하는 마음을 배웠다. 또한 남의 일에 참견하지 않고 자기 일은 자기가 하고, 다른 사람들의 비방에 귀를 기울이지 않는 정신을 배웠다.

6

디오네투스(그리스 어로 된 짤막한 글로, 원래는 '디오네투스에게 보낸 편지'임. 2세기경, 한 그리스도 교인이 친구 디오네투스에게 신앙을 지키는 데 필요한 것을 가르쳐 주기 위해 씨 보낸 글)는 쓸데없는 일에 관여해서는 안 되고, 마법사들이 지껄이는 주문(呪文)이나 액막이 따위를 믿어서는 안 된다는 것을 가르쳐 주었다.

또 메추리 사육(전투의 승패를 점치는 데 메추리를 이용함)이나 그와 비슷한 도락에 신경을 쓰지 않는 것, 남의 바른말을 수용하는 자세를 가르쳐 주었다.

나는 또 그에게서 철학을 가까이 하는 것, 그러기 위해서는 처음엔 바키우스(Bacchius)의 가르침을, 이어서 탄다시두스(Tandasidus)와 마르키아누스(Marcianus)의 가르침을 받아야 한다는 것을 배웠다.

그리고 젊은 시절에 대화편(對話篇)을 만들고, 담요 한 장뿐인 검소한 침대와 그 비슷한 그리스 풍의 일용품만을 구하는 일을 배웠다.

7

루스티쿠스(Rusticus)에게서는 자기 반성과 인격 도야가 필요하다는 것을 배웠다. 그리고 상궤(常軌)를 벗어나 소피스트적인 정열의 포로가 되지 않고, 공리공론(空理空論)으로 글을 쓰지 않고, 도덕적 연설을 하지 않고, 또한 자신이 덕을 닦은 사람, 선행(善行)의 모범이라고 자랑해서는 안 된다는 것을 배웠다.

또 수사학(修辭學), 시, 재치 있는 언사에 물들지 않고, 정장을 하고 집 안을 거닐거나 그와 비슷한 행동을 해서는 안 된다는 것을 배웠다.

편지는 꾸밈 없이 솔직하게 쓰는 것을 배웠다. 예를 들어 시에누엣사(Sienuessa)에서 루스티쿠스가 우리 어머니에게 보낸 편지처럼.

난폭하거나 예의에 벗어난 행동으로 기분 나쁘게 한 사람이라도 자신의 과실을 깨달으면 서슴없이 받아들여 화해를 해야 한다는 것을 배웠다. 또한 독서할 때는 대략적인 이해에 만족하지 않고 정독(精讀)해야 한다는 것, 요사스러운 말을 일삼는 자에게 쉽게 동조하지 말아야 한다는 것을 배웠다.

나는 또한 루스티쿠스 덕분에 에픽테토스의 《명상록》을 읽게 되었는데, 그는 그 책을 자기 장서 중에서 갖다 주었다.

8

아폴로니우스(Apollonius)에게서는 주사위를 던져 모든 일을 우연에 맡기지 않는 확고한 결단성을 배웠고, 결코 이성(理性) 이외의 것에 의지해서는 안 된다는 것, 즉 가슴을 저미는 듯한 비통, 사랑하는 자식의 죽음, 오랜 병, 그 어떤 경우에도 흔들리지 말아야 한다는 것을 배웠다.

또 그를 통해서 같은 사람이 가장 단호할 수도 있고 동시에 온건할 수도 있다는 사실을 알게 되었다.

또한 그를 통해서 풍부한 경험과 학설을 가르치는 숙달된 솜씨를 보잘것없는 것으로 여기는 사람의 전형을 뚜렷이 보았다. 그리고 친구로부터 호의의 표시로 보이는 선물을 받고 그것 때문에 비굴하게 되거나, 또한 예의에 벗어나지 않도록 그것을 무시하지 않고 받아들이는 이상적인 방법도 그에게서 배웠다.

9

섹스투스(Sextus)에게서는 친절을 배웠다. 또 그로 인해 부성애로 다스려지는 가정의 전형을 알게 되었다. 자연에 순응하며 사는 사상을, 거만에 물들지 않은 근엄함을, 친구의 생각을 소중히 여기고 그 희망을 따르는 마음씨를 배웠다. 그리고 무식하고 비과학적인 일을 생각하는 무리들에 대해서도 관대해야 한다는 것을 배웠다.

그와의 교제는 아부 같은 것은 생각도 못할 유쾌한 것이었는데, 그는 교제 중에 그에 대한 존경심을 상대에게 심어 주는, 만인과 화합하는 인격을 갖추고 있었다.

그는 노여움이나 그밖의 격정을 결코 얼굴에 나타내지 않고, 정념에 흔들리지 않고 평정을 유지하며, 자애로운 마음씨를 간직하고 있었다.

그는 또한 칭찬을 하되 지나치지 않고, 박학(博學)하되 현학(衒學)에 빠지지 않았다.

10

문법학자인 알렉산더(Alexander)에게서는 남의 약점을 잡지 않는 마음을 배웠다. 거친 말이나 문법상 부정확한 말, 또는 틀린 이야기를 하는 사람이 있어도 비난조로 그의 말꼬리를 잡지 않고, 그 말에 대해서가 아니라 그 문제에 대한 답변이나 확인 또는 암시의 형태로 그 문제 자체를 함께 이야기하며, 때에 따라 적절한 암시로 올바른 표현 방법을 찾아야 한다는 것을 배웠다.

11

프론토에게서 나는 폭군의 마음을 좀먹는 시기와 의심, 교활, 위선이 어떤 것인지 알게 되었다. 또 흔히 귀족이라고 불리는 자들이 일반적으로 따뜻한 애정이 고갈되어 있다는 사실도 알게 되었다.

12

플라톤 학파의 철학자 알렉산더(Alexander)에게서는 쓸데없이 다른 사람과 이야기할 때나 편지에 바쁘다는 말을 자주 사용하는 것은 피해야 함을 배웠다. 또 눈앞의 용건을 핑계삼아 가까이 지내는 사람들에게 베풀어야 할 의무를 게을리해서는 안 된다는 것을 배웠다.

13

카툴루스(Catulus)에게서는 친구가 어떤 일로 나를 비난할 때, 그것이 아무리 부당하다 할지라도 냉정하게 무시하는 태도를 취하지 않고 평소의 우정을 회복하기 위해 노력해야 한다는 것을 배웠다.

그리고 스승에 대해서는 도미티우스(Domitius)와 아테네도투스(Athenedotus)의 관계처럼 충심으로 찬미하는 마음을 가져야 한다는 것을, 또한 아이들에게는 참된 애정을 베풀어야 한다는 것을 배웠다.

14

'나의 형제' 세베루스(Severus)에게서는 가족과 진리와 정의에 대한 사랑을 배웠다. 또 그로 인해 트라세아(Thrasea), 헬비디우스(Helvidius), 카토(Cato), 디온(Dion), 브루투스(Brutus)에 대해서 알게 되었다. 그리고 그를 통하여 정치적 권리의 평등과 언론의 자유가 따르는 민주적인 정치 체제와 피치자(被治者)의 자유를 가장 중시하는 공화국에 대한 관념을 배웠다.

뿐만 아니라 나는 그로부터 철학에 대한 변함없는 존경심과, 타인에게 친절하고 아낌없이 베푸는 마음을 배웠다. 그리고 친구의 사랑에 대한 확신과 흔들리지 않는 기대, 자신이 무엇을 원하고 무엇을 원하지 않는지 친구가 예측하지 않도록 분명히 해 두는 것을 배웠다.

15

막시무스(Maximus)에게서는 자기 욕망을 이겨내고 어떤 일에도 흔들리지 않는 것을 배웠다. 또한 어떤 상황에서든, 심지어 병들었을 때조차도 쾌활함을 잃지 않는 것을 배웠다. 그리고 온아하고 장중하며 균형 잡힌 인품을 지니고, 자기에게 주어진 일을 불평 없이 실행해 내는 것을 배웠다.

그는 언행이 일치하고 모든 일에 있어서 악의라고는 찾아볼 수 없으며, 그런 사실을 누구나 믿는다는 것을 알게 되었다. 그는 결코 놀라는 일이 없고, 어떤 경우에도 서두르거나 늑장부리지 않고, 당황하거나 의기소침하지도 않으며, 분노를 숨기기 위해 거짓 웃음을 웃거나, 또는 격정에 사로잡히거나 시기에 찬 눈동자를 굴리는 일이 없었다.

그는 자선을 베풀며, 너그럽고 성실한 인품을 지니고 있었다. 자기 자신을 단련하는 사람이라기보다는 천성적으로 악의에 물들지 않은 사람이라는 인상을 주었다. 누구든 그로부터 멸시를 당했다고는 생각지 않았을 것이며, 불손하게도 자기가 그보다 우월하다고 생각하는 사람도 없었을 것이다. 그는 또한 ……(원문 결손)……에 있어 밝고 호감이 가는 사람이었다.

16

양아버지에게서는 온후함과 깊이 생각한 끝에 결정을 내린 일에 대해서는 흔들리지 말아야 한다는 것을 배웠다. 또한 세상에서 명예라고 일컬어지는 일에 따르게 마련인 허영에서 초탈하는 정신과 노동을 사랑하고 공공에게 도움이 되는 일을 제안하는 사람의 말에는 귀 기울여야 한다는 것을 배웠다. 사람은 반드시 그 공적에 따라 대우해야 한다는 것, 엄해야 할 때와 관대해야 할 때를 분별하는 마음을 배웠다.

소년 시절의 열정은 억제해야 한다는 것과 다른 사람의 기분을 염려하는 마음을 배웠다. 친구에게는 식사를 함께 하자는 식의 강요를 하지 않고, 또 친구와 부득이한 사정으로 헤어져 있다가 다시 만나는 일이 있더라도 항상 변함없이 대해야 한다는 것을 배웠다.

그는 회의 때는 치밀하게 검토를 하는 끈기가 있었고, 그 자리에서의 생각에 만족하여 중도에 연구를 포기하는 일이 없는 철저함이 있었다. 친구를 사귈 때는 결코 싫증을 낸다거나 지나치게 열중하는 일이 없었다. 또한 스스로 만족스럽게 생각하여 늘 쾌활했고, 먼 앞일을 생각하여 극히 사소한 일에 이르기까지 사전 조치를 준비해 두었다. 그리고 자신에 대한 칭찬이나 모든 아첨을 거부했으며, 줄곧 정치의 필요 사항에 마음을 쓰고, 국가의 재산을 경제적으로 관리하고, 그로 인한 비난과 공격을 참고 견디었다.

신에 대해서는 미신적인 두려움을 품지 않았고, 사람에 대해서는 선동 정치가로 타락하지 않았으며, 민중 앞에 무릎을 꿇고 아첨하며 비위를 맞추는 행위를 하지 않았다. 그는 만사에 올바른 마음을 잃는 일 없이 착실했으며, 세련된 감성(感性)을 지녔으되 유행 따라 타락하는 일이 없는 정신을 지니고 있었다. 생활을 쾌적하게 하는 모든 것을 충분히 이용할 수 있는 운명을 타고 났지만 그것을 보란 듯이 교만하게 사용하지 않았다. 주어진 것이 손 가까이 있으면 자연스러운 태도로 사용하고 없으면 억지로 구하지 않았다.

누구나 그를 보고 소피스트적인 인간, 수다쟁이 어릿광대, 현학도(衒學徒)라 하지 않고 원만하며 완성된 사람, 자신의 일뿐만 아니라 다른 사람의 일까지도 능히 처리하는 역량있는 사람으로 인정했다.

그리고 그는 참다운 철학자를 존경하고 사이비 철학자에게도 부정적인 태도를 취하지 않았으며, 그렇다고 그런 사람들에게 끌려가지도 않았다. 또한 능란한 대화, 유쾌한 태도로 부드러운 분위기를 만들 줄 알았다. 그는 자신의 건강에 세심하게 주의했는데, 그것은 삶에 대한 지나친 집착이나 외모를 생각해서 그런 것은 아니었고 그렇다고 그것을 전혀 무시하지도 않았다. 그렇게 스스로 건강에 유의했기 때문에 의사와 약이 별로 필요하지 않았다. 그는 웅변이라든가 법률, 혹은 윤리에 대한 지식 등과 같은 특수한 재능을 가진 사람들에게 질투심을 갖지 않고 각자 자신 있는 영역에서 이름을 떨칠 수 있도록 도와주었다.

그는 모든 일에 관습과 법률을 따랐으며 그것을 준수한다는 사실을 자랑하려 들지 않았다. 그리고 경거망동하는 일 없이 같은 장소, 같은 사항에 차분히 버티어 내는 인품을 지니고 있었으며, 심한 두통이 생기는 경우에도 곧 기력을 회복해서 원기 발랄하게 하던 일에 착수하는 근성이 있었다. 그는 가슴속에 비밀을 간직하지 않았다. 혹 비밀이 있다 해도 그것은 공익에 관계되는 것뿐이었다.

공적인 모임이나 공공 건물의 건축, 빈민에 대한 기부 등에 신중했고 결코 한도를 벗어나지 않았다. 스스로의 의무를 수행할 뿐, 그런 일로 인한 명성에는 별 관심이 없었기 때문이다.

그는 정해진 시간에만 목욕을 하고, 집을 짓는 일이나 음식에는 별로 신경을 쓰지 않았다. 입는 옷이나 옷감의 색깔에 대해서도 까다롭게 굴지 않았다. 의복은 거의 다 로리움(Lorium)에 있는 그의 별장에서 가져오게 하고, 일용품의 대부분은 라누비움(Lanubium)에서 조달했다.

그리고 투스쿨룸(Tusculum)에서 토지 관리인이 그에게 용서를 빌었을 때 그가 취한 태도는 모두 아는 바와 같다. 그의 태도는 늘 그와 같았다. 냉혹하거나 난폭하지 않고, 소위 말하는 '머리끝까지 화를 내는' 일도 없었다. 그는 모든 일을 분석하여 그 중요도에 따라 시간을 분배하고, 질서 정연하면서도 확고한 태도로 일을 처리했다.

대부분의 세상 사람들이 너무 허약하여 무절제하고 과도하게 즐길 수

밖에 없는 일들을, 절제할 때는 절제하고 즐길 때는 즐길 수 있었다는 소크라테스에 관한 말을 그에게 적용해도 무리는 없으리라. 그와 병중의 막시무스처럼 어떤 일이라도 충분히 견딜 수 있을 정도로 강하면서도 침착하고 너그럽다는 것은, 완숙하고 꺾이지 않는 정신을 가진 사람들이 보여 주는 특징이다.

17

훌륭한 조상과 훌륭한 부모, 그리고 훌륭한 형제, 훌륭한 스승, 훌륭한 친척과 친구 등, 훌륭한 것을 거의 모두 소유하게 해 주신 신들에게 진심으로 감사한다. 그리고 나에게 위에서 말한 분들의 기분을 거스를 수 있는 기질이 다분히 있었음에도 그분들의 노여움을 사지 않고 지낼 수 있게 해 주신 신들에게 감사한다.

할아버지의 소실(小室) 밑에서 오래 양육되지 않게 해 주신 것을, 또 적당한 시기가 오기 전까지 동정(童貞)을 잃지 않고 청춘을 오래도록 간직하며, 오히려 그때를 늦출 수 있었던 것을 감사한다.

그리고 내 강한 자만심을 고쳐 주신 나의 아버지인 황제 밑에서 자랄 수 있었던 것을 신들에게 감사한다. 그 덕분에 나는 궁전에 살면서도 호위병이나 화려한 의상, 햇불이나 동상 등의 사치품을 탐내지 않고 살아가는 지혜를 배웠다. 따라서 평민들과 같은 생활을 하면서도 그 때문에 나의 사상이 더 조잡해지지도 않았고, 황제에게 필요한 권위와 의무를 게을리하지도 않았다.

또 그 인품을 통해 나를 일깨워 반성의 기회를 만들어 주고, 아울러 존경과 애정으로 내 마음에 기쁨을 주었던 사람을 형제로 가지게 된 데 대해, 그리고 정신과 육체가 모두 건전하여 못나지 않은 자식을 점지해 준 데 대해 신에게 감사한다. 또한 수사학, 시, 기타의 학문에 깊이 빠지지 않았음을 감사한다. 만일 그랬더라면 내 인생의 대부분의 시간을 빼앗겼을 테니까. 그리고 나를 가르쳐 준 사람들에게 서둘러서 그들이 구하고 있다고 생각되는 자리에 앉힐 수 있게 해 주신 것에 감사한다. 그것은 "나는 아직 젊으니까 좀더 세월이 가면 황제는 내가 원하는 바를 실현시켜 주겠지." 하는 희망을 가지게 하여 공연히 그들을 잡아 두지 않기 위해서였다.

나로 하여금 아폴로니우스, 루스티쿠스, 막시무스 등과 알고 지내게 해 주신 데 대해 신들에게 감사한다. 나는 그들로부터 자연에 따라 살아간다는 것이 어떤 것인가에 대해 자주 명백한 인상을 받았다. 또한 나는 그들로부터 신과 신의 은총, 신의 도움, 그리고 영감에 의지하고 있는 한, 내 비록 스스로의 잘못으로 아직 자연에 따르는 생활에 미치지 못하고 신의 가르침을 깨닫지 못했더라도, 결국은 신들의 직접적인 가르침에 의해 자연에 따라 생활하게 된다는 것을 배웠다. 내 육체가 그런 생활을 오랫동안 견딜 수 있었던 것은 오직 신들의 가르침 덕분이다. 그리고 내가 베네딕타(Benedicta : 하드리아누스 황제의 첩)나 테오도투스(Theodotus : 하드리아누스 황제가 총애한 시녀)와 직접 접촉하지 않고, 또 훗날 격렬한 연정에 사로잡혔을 때 그것을 극복하여 영혼의 건강을 되찾게 된 것도 오로지 신의 은총이었다.

자주 루스티쿠스를 화나게 했지만, 후회할 일은 조금도 하지 않은 데 대해 감사한다. 그리고 우리 어머니는 오래 살지 못하고 돌아가실 운명이었지만, 그 마지막 몇 날을 함께 지낼 수 있었던 일을 감사한다.

빈궁한 자나 그밖에 무엇인가 도움을 필요로 하는 자에게 원조의 손길을 뻗치려 했을 때, 그 실행에 필요한 금전이 부족하지 않았던 것을 감사한다. 그와 동시에 내게는 남의 도움이 필요한 일이 생기지 않았던 점에 대해서도 신들에게 감사한다. 온순하고 다정하며 겸손한 아내를 맞이한 것에, 그리고 자식들을 위해 이상적인 선생을 구하는 데 곤란을 겪지 않았던 일에 감사한다. 꿈의 계시에 따라 여러 가지 치료법을 알게 된 것, 특히 각혈과 현기증의 치료법을 알게 된 것에 대해서도 신들에게 감사한다.

　마지막으로 내가 철학에 관심을 갖게 되었을 때 소피스트들에게 말려들지 않고, 또 혼자 책상에 앉아 삼단 논법의 해명에 매달리거나 천체 기상학에 열중하지 않은 데 대해 신들에게 감사한다. 원래 이런 모든 일들은 신들과 운명의 도움을 필요로 하는 것이기 때문이다.

　　　　　　　— 그라누아(Granua) 강 기슭 구아디(Guadi) 족의 마을에서

제2권

1

이른 아침, 하루가 시작되기 전에 자기 자신에게 이렇게 말하라.

"나는 오늘도 공연히 남의 일에 참견하는 사람, 은혜를 모르는 사람, 거만한 사람, 남을 속이거나 중상하는 사람, 이기적인 사람들을 만나게 될 것이다."라고,

이러한 악덕(惡德)은 선악에 대한 그들의 무지에서 비롯된 것이다.

그러나 나는 선의 본질은 아름답고 악의 본질은 추하다는 것을 알고 있으며, 잘못을 범하는 사람도 나와 같은 인간, 혈통을 같이 한다는 뜻이 아니라 이성(理性)과 신성(神性)의 일부를 나누어 갖는다는 뜻에서 동류자(同類者)임을 알고 있기 때문에 그들로부터 해를 입는 일은 없다. 그것은 내 스스로 원하지 않는 한 아무도 나를 추악한 일에 빠져들게 할 수는 없기 때문이다.

나는 그들에게 화를 내거나 기피할 수 없다. 왜냐하면 우리는 마치 손발이나 눈시울이나 아래윗니처럼 서로 협력하기 위해 태어났기 때문이다. 따라서 서로를 적대시하는 것은 자연의 법칙에 어긋나는 일이다.

2

육체와 호흡과 모든 것을 지배하는 이성(理性)으로 이루어진 것이 바로 나다. 그대의 장부책을 던져 버리고 그것 때문에 더 이상 마음을 산란하게 만들지 말라. 재물을 모으는 것은 우리가 추구해야 할 일이 아니다. 그것은 허용될 수 없는 일이다. 육체를 경시하라.

육체란 피, 뼈, 신경, 그리고 동맥과 정맥으로 그물처럼 짜여진 것에 지나지 않는다. 호흡 역시 중요한 것이 아니다. 결국 그것은 공기에 불과하다. 더군다나 한결같이 동일한 것이 아니라 매순간마다 뱉고 들이마시는 것이다.

그러나 세 번째, 이성에 대해서는 이렇게 생각하라 — 그대는 이미 어른이다. 더 이상 이성을 가두지 말라. 사리사욕만 취하려는 욕구에 조종당하지 말라. 그리고 현재의 운명에 불만을 갖지 말고 미래에 위축되지 말라.

3

우주 만물은 신의 섭리에 따라 움직인다. 우연히 일어나는 것처럼 보여지는 일들도 결국은 자연의 원리에 따라 이미 예정되어 있었던 것이며, 모든 것은 신의 섭리에 의해 다스려지고 모두 이 섭리와 관련이 있다. 만물은 그 섭리에서 흘러나오고 우주 전체의 이익도 신의 섭리에 의한 것이다. 우리는 이 우주의 일부분이다. 그밖의 모든 것도 자연의 일부분이다. 그러므로 본성이 시키는 대로 행동하고, 그 본성을 계속 간직하는 것은 선(善)을 추구하는 것과 같다. 신의 섭리인 자연 그 자체가 근본적으로 선한 존재이기 때문이다.

변화는 자연의 한 속성(屬性)이다. 따라서 우주의 모든 것은 부분적으로 변할 뿐만 아니라 근본적으로도 변한다. 그런 원리를 이해하고 또 만족스럽게 생각하며 그에 따라 행동하라. 자연의 변화에서 만족을 찾으라. 그리하여 고뇌 없는 즐거운 마음으로, 그리고 진심으로 신들에게 감사하며 죽음을 맞을 수 있도록 하라.

4

그런 사실을 얼마나 오랫동안 잊고 있었던가를 생각하라. 신은 여러 차례 기회를 주었으나, 그대는 그 기회를 전혀 활용하지 않았음을 기억하라. 이제 우주의 본질이 무엇이며, 이 우주를 지배하는 힘이 무엇인가를 깨달아야 할 때가 왔다. 그대에게 허용된 시간은 한정되어 있다. 이 시간을 사용하지 않으면 곧 흘러가 버리고, 이윽고 존재 자체가 사라지면 다시는 되돌릴 수 없다.

5

어떤 경우에나 로마 인으로서, 한 인간으로서, 단순한 위엄과 애정과 독립심과 정의를 가지고 자신이 해야 할 의무를 완수하라. 다른 잡념은 마음에 두지 말고 버려라. 그리고 무슨 일을 하든 두번 다시 그 기회가 없을 것처럼 생각하고 행동한다면, 그리고 부주의와 이성의 명령에 거역하는 격정적인 위선, 자만심, 불만 따위의 감정으로부터 자유로워진다면 당신은 안정을 얻을 수 있을 것이다. 평온하고 경건한 생활을 위해 우리가 극복해야 할 일은 실상 그다지 많지 않다. 위에 든 몇 가지 가르침을 따르는 것으로 충분하다. 신은 우리에게 그 이상의 것을 요구하지는 않는다.

6

나의 영혼이여, 너 자신을 학대하라. 너는 스스로에게 얼마나 많은 죄를 짓고 있는가. 장차 자신을 존중할 기회가 얼마든지 있다고 생각하겠지만, 나의 생애는 오직 한 번뿐이다. 그리고 그것으로 족하다. 그런데도 여전히 명예에 연연해하는가? 명예란 단지 타인의 영혼에 너 자신의 행복을 맡겨놓는 것에 불과하다.

7

주위에서 닥쳐오는 사물에 마음이 혼란스러운가? 괜한 일로 방황하지 말고 새롭고 좋은 일을 배울 기회를 스스로 찾아라. 이리저리 쓸데없이 방황하며 자신의 삶을 낭비하는 사람, 즉 모든 행동에 이렇다할 분명한 목적이 없는 사람이야말로 참으로 어리석은 사람이다.

8

다른 사람의 마음속에서 무슨 일이 일어나고 있는지 몰라서 불행하게 되는 경우는 거의 없다. 그러나 스스로의 마음의 움직임을 모르는 사람은 반드시 불행하게 될 것이다.

9

늘 다음과 같은 사실을 깊이 생각하라.

대자연의 본성은 무엇인가. 또 나의 본성은 무엇인가. 나의 본성과 자연의 본성은 어떤 관계가 있는가. 그리고 나는 어떤 종류의 전체에 속하는 일부분인가.

물론 나의 본성은 대자연의 그것과 비교할 때 지극히 작은 부분에 지나지 않지만 자연에 따라 말하고 행동하는 것을 방해하는 것은 없다는 사실을 명심하라.

10

테오프라스투스(Theophrastus)는 진정한 철학자답게 욕망 때문에 저지른 잘못은 분노 때문에 저지른 잘못보다 더 심한 비난을 받아야 한다고 말한다. 왜냐하면 분노로 말미암아 일시적으로 흥분한 사람은 잘못된 행동을 할 때 적어도 무의식적인 양심의 가책과 고통을 받지만, 욕망으로 말미암아 잘못을 저지르는 사람은 쾌락에 압도되어 더욱 무절제하고 나약하게 되기 때문이다. 따라서 쾌락이 따르는 잘못은 고통이 따르는 잘못보다 더 심한 비난을 받아야 한다는 그의 말은 철학적인 타당성을 지니고 있다. 후자는 우선 피해를 입고 그 고통 때문에 분노한 것이고, 전자는 욕망 충족을 위해 자진하여 잘못을 저지른 것이다.

11

어떤 일을 하든지 행동하려는 그 순간에 죽음이 다가왔다고 생각하고 행동하라. 만약 신이 존재한다면, 신은 결코 그대를 나쁜 길로 인도하지 않을 테니까 죽음을 두려워할 필요가 없다. 만약 신이 존재하지 않는다거나 또는 인간의 일 따위에는 무관심하다면, 신도 없고 신의 섭리도 없는 세상에서 산다는 것이 대체 무슨 의미가 있겠는가. 그러나 신은 존재하고, 또한 인간의 일에도 깊은 관심을 가지고 있다. 그리하여 신은 그대에게 악에 빠져들지 않는 능력을 주었다. 만약 누군가 그대의 삶에 해악을 입히려 하면, 신은 그것을 피할 수 있는 충분한 능력 속에 모든 수단 방법을 마련해 주었을 것이다. 그런데 인간을 악하게 만들지 않은 신이 어째서 인간의 생활을 악하게 만드는 것일까?

무지로 인해 신이 그런 해악을 간파하지 못한다는 것은 있을 수 없는 일이며, 또 그것을 알고 있으면서도 어떻게 할 능력이 없다는 것 또한 있을 수 없는 일이다. 그러나 우리 인생에는 분명히 죽음과 삶, 명예와 불명예, 고통과 쾌락, 부와 빈곤 등이 생겨난다. 그런 모든 것은 우리를 더 선하게도 또는 더 악하게도 만들지 않기 때문에 선인이나 악인이나 가리지 않고 동등하다. 따라서 그런 것들은 선도 아니고 악도 아니다.

12

우주 만물은 얼마나 빨리 사라져 버리는가. 육체는 무한한 우주 공간 속으로 사라지고, 그에 대한 기억은 영원한 시간 속에 묻혀 버린다. 모든 감각적 사물의 본질, 특히 쾌락을 미끼삼아 우리를 유혹하고 고통으로 우리를 공포에 떨게 하고 물거품같이 허망한 명예로 우리를 들뜨게 하는 것들은 얼마나 무가치하고 천하며, 또 얼마나 덧없는 것인가. 이런 모든 것을 깨닫는 능력이 바로 우리 이성의 한 기능이다.

명예를 얻기 위해 교묘한 발언을 하고 의견을 내놓는 사람들의 진정한 가치는 무엇이며, 그들은 어떤 사람들인가. 죽음이란 무엇인가. 죽음에 대해 깊이 생각해 보고 마음속에 드리워져 있는 죽음에 대한 환상을 지워 버리자. 죽음이란 단지 자연의 진행 과정일 따름이다. 자연의 변화에 대해 겁내는 것은 어린아이들뿐이다. 죽음이란 단순한 자연 법칙일 뿐만 아니라 자연을 이롭게 하는 일도 된다. 이런 모든 것을 깨닫게 하는 것이 바로 이성이다. 이성은 또한 인간이 신에게 어떻게 접근하는가, 즉 인간의 어떤 부분에 의해, 그 부분이 어떤 상태에 있을 때 신성(神性)에 가까워지는가를 우리에게 가르쳐 준다.

13

모든 면에서 만물을 관찰하고, 어느 시인(그리스의 시인 핀타로스)의 말처럼 지하의 사상(事象)을 탐색하고, 부질없이 주위 사람들의 마음속에서 일어나는 일까지 살피는 사람들보다 더 불행한 사람은 없다. 인간은 각자의 마음속에 있는 이성을 섬기고 그것이 이끄는 데 따라 행동하는 것으로 충분하다. 그러기 위해서는 격정에 사로잡히지 않고, 무분별한 행동을 하지 않고, 신이나 다른 사람들이 하는 일에 대해 불만을 품지 말고 순수성을 유지해야 한다. 신이 하는 일은 그 탁월함 때문에 우리의 존경을 받으며, 인간이 하는 일은 그 사람이 그대와 형제라는 이유 때문에 선으로 받아들여야 한다. 따라서 무지하여 잘못을 저질렀을 때, 우리는 그에 대해 연민의 정을 느껴야 한다.

14

가령 3천 년, 아니 3만 년을 산다고 해도, 그대는 결코 지금 살고 있는 순간 이외의 삶을 누릴 수는 없다. 누구든 존재하고 있지도 않은 과거와 미래를 상실할 수는 없다. 따라서 가장 긴 삶이거나 가장 짧은 삶이거나 결국은 마찬가지이다. 소멸하는 것은 각자 다르다 해도 현재는 만인에게 동일하여 그 누구도 현재 이외의 삶을 소유할 수는 없기 때문이다.
그렇다면 그대는 언제나 다음 두 가지 사실을 명심해야 한다.

첫째, 이 세상 만물은 오랜 옛날부터 늘 똑같은 형태로 순환되어 왔으
며 따라서 인간이 동일한 사물을 1백 년, 2백 년, 아니 영원히 바라본다
하더라도 본질적으로는 아무 차이가 없다는 사실이다.

둘째, 가장 오래 산 사람이나 태어나자마자 죽은 사람이나 잃어버리
는 것은 결국 같다는 사실이다.

현재만이 인간이 소유할 수 있는 유일한 것이며, 누구라도 소유하지
않은 것은 잃어 버릴 수 없는데, 그렇다면 가장 중요한 것은 현재를 어
떻게 살아가는가이다.

15

"모든 것은 단지 인간의 관념에 지나지 않는다."는 견유학파(犬儒學
派) 모니무스(Monimus)의 말이 뜻하는 바는 명백하다. 따라서 사람들이
이 말의 핵심을 진리에서 벗어나지 않는 범위 내에서 받아들인다면 틀
림없이 유용할 것이다.

16

영혼이 자신을 괴롭히는 것은 다음과 같은 경우이다.

첫째, 영혼 자체가 일종의 종기가 되는 경우이다. 만물의 속성은 자연
의 어느 한 부분에 포함되어 있으므로, 어떤 사건으로 인해 괴로워한다
는 것은 자연으로부터 분리되는 일이다. 마치 몸에 생긴 종기처럼 스스
로 분리되어 스스로를 괴롭힌다.

둘째, 어떤 사람을 무시하여 외면하거나 분노하는 경우가 있는데, 이런 경우 자신의 영혼을 스스로 괴롭힌다고 할 수 있다.

셋째, 영혼이 쾌락이나 고통으로 자제력을 잃었을 경우이다.

넷째, 일에 진지하지 않거나, 다른 사람을 속이는 행동이나 말을 할 경우이다.

다섯째, 아무 목적도 없이 제멋대로 행동했을 때이다. 즉 아무리 사소한 일이라도 뚜렷한 목적 의식을 가지고 있어야 하는데 무분별하게 어떤 일을 했을 경우를 말한다. 그런데 이성을 가진 동물의 목적은 우주의 이법(理法)과 규칙에 따르는 일이다.

17

한 사람의 일생은 점(點)이고, 유동하는 것이다. 지각(知覺)은 혼탁하고, 육체는 결국 썩어서 사라진다. 영혼은 쉬지 못하며, 운명은 예측할 수 없고, 명예는 불확실하다. 요컨대 육체에 속하는 것은 모두 흐르는 물과 같고, 영혼에 속하는 것은 꿈이며 연기일 뿐이다. 인생은 싸움이며, 나그네의 일시적 체재이며, 후세의 평판이라는 것도 망각에 불과하다.

그렇다면 우리 인간을 인도하고 보호하는 것은 무엇인가?

그것은 단 하나, 바로 철학이다. 철학이란 인간의 마음속에 있는 신을 모독하거나 해치지 않고, 고통과 쾌락을 초월하고, 목적 없이는 어떤 일도 하지 않으며, 위선이나 허위를 멀리하여 다른 사람의 일을 쓸데없이 참견하지 않으며, 무슨 일이 생기든지 모든 것이 같은 근원으로부터 나왔다는 것을 깨닫고 기쁜 마음으로 받아들이며, 죽음이란 모든 생물을 구성하고 있는 최초의 원소로 환원되는 데 지나지 않는다는 사실을 깨달아 기꺼이 죽음을 기다릴 수 있게 해 주는 것이다.

그런데 끊임없이 다른 것으로 변하는 원소 자체가 악이 아니라면, 어째서 인간은 모든 사물이 변화하고 분해되는 것을 두려워하는가? 죽음은 자연의 한 진행 과정이며, 자연에 따라 일어나는 현상에는 악이 있을 수 없다.

제 3권

1

　시간이 흐름에 따라서 우리의 생명이 하루하루 소
모되어 차츰 줄어든다고 걱정할 필요가 있을까? 어떤
사람이 남보다 더 오래 사는 경우, 과연 사물을 파악하는 데 필요한 판
단력과 이해력도 그만큼 지속되고 신과 인간에 대한 문제를 이해하는
데 충분한 능력이 계속 보존되는가를 생각해야 할 것이다. 사람은 노망
하기 시작한다 해도 호흡하는 일이나 소화시키는 일, 상상력이나 식욕
등은 쇠퇴하지 않는다. 그러나 가진 바 재능을 남김없이 발휘하는 힘,
의무를 이행하고 모든 현상을 명백히 가려내는 능력, 언제 이 세상에서
떠나야 하는가를 판단하는 능력, 그밖에 훈련된 이성으로만 처리할 수
있는 능력은 점점 쇠퇴해 간다. 그러므로 우리는 서둘러야 한다. 하루하
루 죽음을 향해 다가간다는 단순한 이유 때문이 아니라, 사물을 올바르
게 파악하고 이해하는 능력이 무엇보다 먼저 사라지기 때문이다.

2

　부수적으로 생기는 것도 나름의 아름다움과 매력을 갖는다. 예를 들
어, 빵을 구울 때 여기저기가 갈라 터지는 수가 있다. 이렇게 갈라진 부

분은 빵을 굽는 사람의 의도와는 어긋나지만, 그것은 그 나름대로 일종의 아름다움을 지니고 있어 우리의 식욕을 돋우는 것이다. 무화과 열매는 무르익으면 저절로 벌어져 터지고, 올리브 열매는 썩기 직전에 특별한 아름다움을 지닌다. 고개 숙인 벼이삭이나 포효하는 사자의 눈초리, 멧돼지의 입에서 흘러내리는 거품 등을 따로 떼어서 생각한다면 아름답다고까지는 할 수 없겠지만, 자연이 만들어 놓은 사물에 딸려 있기 때문에 그 사물을 돋보이게 하고 그 자체가 사람의 마음을 즐겁게 해 주는 것이다.

따라서 우리가 우주의 움직임에 날카롭고 심오한 통찰력을 갖는다면, 이 세상 거의 모든 것에서, 비록 그것이 부수적으로 생기는 사소한 것일지라도 그 나름대로의 아름다움을 발견할 수 있다.

따라시 사자나 호랑이기 포효하는 것도 훌륭한 화가나 조각가의 작품과 마찬가지로 즐겁게 바라볼 수 있을 것이다. 또한 늙은 여자나 남자에게서는 일종의 원숙한 아름다움을, 젊은이에게서는 매혹적인 순결과 활기를 찾을 수 있을 것이다. 그러나 모든 사람이 다 그런 즐거움을 누릴 수 있는 것은 아니다. 자연은 그 작품에 진실로 친근감을 갖고 대하는 사람에게만 진정한 모습을 드러낸다.

3

히포크라테스(Hippocrates)는 수많은 사람의 병을 고쳐 주었지만, 정작 자신은 병들어 죽었다. 칼데아 사람들은 많은 사람들의 죽음을 예언하였지만, 그들 자신도 결국은 그 운명에서 벗어나지 못했다. 알렉산더, 폼페이우스, 가이우스 케사르는 연달아 많은 도시들을 파괴하고 전장에서 수많은 적의 군대를 무찔렀으나, 그들 또한 결국에는 죽음을 면하지 못했다. 헤라클레이토스(Heracleitos)는 자연과 우주의 변화에 대하여 사색을 거듭한 끝에 우주의 모든 변화는 큰 불에 의해 소멸하고 생성되는 것이라고 결론지었으나, 그 자신은 더러운 진흙을 뒤집어쓰고 죽었다. 데모크리토스(Democritos)는 이[蝨]에 물려 죽었고, 소크라테스는 해충(그를 고발한 시인 멜리투스, 제조업자 아니투스, 웅변가 리콘을 가리킴) 때문에 죽었다.

이런 모든 일은 어떤 의미를 지니고 있는가? 그대는 인생이라는 배를 타고 항해를 하다가 마침내 피안(彼岸)에 이르렀다. 배에서 내려 상륙하자. 이 우주 어디든, 그곳이 비록 내세라 할지라도 신은 반드시 존재한다. 그러나 무감각한 상태가 된다면, 그때는 더 이상 고통이나 쾌락이라는 배에 머물러 있게 되지 않을 것이다.

우리의 육체는 그것을 움직이는 탁월한 정신에 비하면 매우 보잘것없는 것이다. 전자가 진흙이요 부패라면, 후자는 이성이요 신성이기 때문이다.

4

공공의 이익과 관련된 일이 아니라면 쓸데없이 다른 사람의 일에 관심을 기울이는 일로 생애를 낭비하지 말라. 어째서 그런 일을 하는가, 무엇을 생각하는가, 어째서 그런 말을 하는가, 어떤 계획을 세우고 있는가, 이렇게 이성을 어지럽히는 온갖 일에 관심을 가지면, 정작 자신의 중요한 일을 할 수 있는 기회를 놓치게 된다. 그러므로 우리는 어떤 생각이 떠오를 때마다 맹목적이고 무익하며, 지나친 호기심에서 비롯된 악의 쪽으로 기울지 않도록 해야 한다. 갑자기 누군가로부터 "지금 무슨 생각을 하고 있는가?"라는 질문을 받더라도 거침없이 당당하게 "이리이러한 것을 생각하고 있다."라고 대답할 수 있는 일만을 늘 생각하는 버릇을 길러야만 한다.

마음속에 있는 생각은 단순하고 자비로우며, 사회적 동물에 어울리는 것이어야 한다. 쾌락이나 감각적인 향락에 얽매이지 않고, 적대감이나 질투심에서 비롯된 것이 아닌, 누구에게나 당당하게 말할 수 있는 생각만을 가져야 한다. 그런 사람은 스스로의 마음속에 뿌리박은 신성(神性)에 귀를 기울여 쾌락에 빠지지 않고, 고통으로 인해 괴로움을 겪지도 않고, 어떤 모욕에도 개의치 않는다. 떳떳하지 않은 일은 생각하지도 않고 가장 고귀한 투쟁을 위해 자신의 정력을 모두 바친다. 마음속 깊이 정의감이 가득 차 있어 어떤 정욕에도 정복되는 법이 없다. 심혈을 기울여 자기에게 일어나는 일, 자기에게 맡겨지는 일을 모두 운명으로 받아들이며 그 일에 참여한 다른 사람들이 무슨 말을 하건, 어떤 일을 하건, 또는 무슨 생각을 하건 그것이 공공의 이익과 관련되지 않는 한 전혀 관심을 두지 않고 오직 자기가 해야 할 일만 하는, 그야말로 참된 신의 종복이다.

그들은 자신의 신성이 이끄는 대로 기꺼이 운명을 받아들인다. 또한 인류는 서로 가까운 형제임을 알고 있으므로 사람들을 대할 때 항상 인류애로 존중한다. 다수의 의견이 아니라 자연에 따라 살아가는 사람들의 의견을 존중해야 한다는 것도 잘 알고 있다. 자연에 순응하지 않고 살아가는 사람들이 집 안 또는 집 밖에서 하루 종일 어떤 일을 하고 있으며, 그들이 어떤 사람들과 어울려 타락된 생활을 하고 있는지 잘 알고 있기 때문이다.

5

공공의 이익에 관련된 것은 무슨 일이든 간에 자발적으로 해야 한다. 그러나 신중하게 생각한 후에 행동하라. 결코 오락삼아 가볍게 행동하지 말라. 사고(思考)를 정교하게 꾸미지 말고, 수다를 떨지 말고, 쓸데없는 일에 참견하지 말라. 마음속에 있는 신성이 이끄는 데 따라 남자답게, 성숙한 로마 인답게 스스로를 다스리는 지배자로서 행동하라. 공격 신호를 기다리는 용감한 병사처럼 어떤 굳은 맹세나 보증도 필요없이 오직 삶과 죽음에 관한 스스로의 믿음에 따라 언제든 이 삶의 전장에서 떠날 채비를 하라.

그런 생활 자세 속에 다른 사람의 봉사나 위로 없이도 명랑한 삶을 누릴 수 있는 비결이 있다. 즉 남이 세워 주는 것이 아니라 스스로의 힘으로 곧게 서야 한다.

6

인간의 삶에서 정의, 진리, 절제, 용기보다 더 중요한 것을 찾아본다면 그것은 올바른 이성이다. 스스로의 행동이 이성의 명령에 따른 것이라 확신하고, 자신의 운명은 신이 내려주었다는 것을 확신하는 가운데서 더할 수 없는 마음의 평화가 얻어진다. 그런데 실제로 당신 내부에 있는 신성은 어떤가? 정의 또는 진리보다 더 훌륭한 그것을 위해 당신은 온 마음을 기울여 검토하고 있는가?

마음속에 깃들여 있는 신성에 의해 모든 욕망을 억제하고, 모든 생각을 자세히 검토하고, 소크라테스의 말처럼 감각적 유혹으로부터 벗어나 신에게 순종하는 생활로 돌아가는 것보다 더 뛰어난 것이 없다고 생각한다면, 또한 그외의 모든 것은 신성과 비교할 때 보잘것없고 가치가 없는 것이라고 생각한다면, 당연히 신성이 이끄는 대로 따라야만 한다. 일단 사소하고 가치 없는 일에 마음을 빼앗기면 그대의 귀중한 재산이며 보호자인 신성을 더 이상 보존할 수 없기 때문이다.

세상 사람들의 찬양이나 부나 권력, 그리고 쾌락의 추구 등을 이성 또는 시민의 의무를 담고 있는 선(善)과 비교해 보면 그 얼마나 보잘것없는 것들인가? 이러한 것들은 모두 일시적으로는 우리에게 순응하는 것처럼 보이지만 어느 순간 갑자기 거대해져서 우리를 압도해 버린다. 그러므로 자유롭게 가장 최선의 것을 선택하여 그에 충실해야 한다.

어쩌면 스스로에게 물을지도 모른다. 최선의 것이란 무엇인가? 결국 자신에게 즐거움을 주는 것이 가장 가치 있는 것이 아닌가? 만약 그것이 이성적으로 판단하여 나온 결론이라면 그 말은 옳다. 그러나 단순히 동물적인 감정으로 내린 것이라면 그 결론은 잘못된 것이다. 후자의 경우라면 순순히 잘못을 긍정하고 단호하게 생각을 바꾸어야 한다.

7

신의를 저버리거나 자존심을 버려 가면서, 또는 남을 미워하고 의심하고 저주하고 위선을 저지르면서 얻은 이익이라면 결코 그대에게 도움이 되지 않는다. 벽이나 장막이 필요한 것들이 도움을 주리라고 생각하지 말라.

이성과 신성의 인도에 따라 행동하고 그것을 숭배하는 사람은 비극적

역할을 맡는 일이 없으며, 불평하지 않으며, 고독을 느끼지도 않는다. 그런 사람의 삶은 무엇에 얽매이지 않는다. 그들은 영혼이 육체에 머물러 있는 시간이 길건 짧건 전혀 개의치 않는다.

설사 지금 당장 이 세상을 떠나야 하더라도 이제까지의 품위와 절도를 잃지 않고 자기가 해야 할 일을 처리하듯 태연하게 죽음을 받아들인다. 단지 그들은 자기의 마음이 이성을 떠나지는 않았는가, 또 사회에 대한 의무를 소홀히 하지는 않았는가 우려할 뿐이다.

8

스스로 자기 정진(精進)과 정화(淨化)에 힘쓴 사람의 마음속에서는 부패나 부정 등을 전혀 찾아볼 수 없다. 그러한 사람의 일생은 마치 연극이 끝나기도 전에 막이 내려 무대를 떠나는 배우처럼 미완의 상태로 끝나 버리지는 않는다.

언제 어디서나 비굴하거나 남에게 의지하지 않으며, 그렇다고 남을 배척하는 일도 없다. 자기의 책임을 남에게 덮어씌우지도 않으며, 사물에 지나치게 집착하지 않는다. 따라서 그들은 문책을 당할 일도 없으며, 이 세상에서 다른 피신처를 찾을 일도 없는 것이다.

9

좋은 의견을 만들어 내는 능력을 존중하라. 그대의 이성이 자연과 조화될 수 있느냐 없느냐는 오직 이 능력에 달려 있다. 이성의 능력에 의해 신중하고 정확한 판단을 내릴 수 있으며, 인간에게 친절을 베풀 수도, 신의 의사에 순종할 수도 있는 것이다.

10

몇 개의 진리만 남겨 두고 나머지는 모조리 던져 버려라. 모든 인간은 오직 현재 이 순간만을 살고 있을 뿐이다. 그밖의 생애는 이미 지나가 버렸거나 아직 오지 않은 미지의 것임을 기억하라. 그대의 생애는 짧은 한 순간에 불과하며 몸담고 있는 곳은 지구상의 한 모퉁이일 뿐이다.

죽어서 오래 기억되기를 바라는가? 그러나 그들 역시 그대와 마찬가지로 언젠가는 죽어야 할 존재들이다. 죽은 후에 자신의 명성이 오래도록 남기를 바라는 것은 이미 오래 전에 사라져 버린 사람들의 기억 속에 자신의 이름이 남아 있기를 바라는 것과 마찬가지이다.

11

지금까지 말한 충고를 보충하기 위해 한 가지 더 덧붙이기로 하자. 그대가 만나게 되는 사물에 대한 정의를 내려 그것의 본질을 정확히 파악하라는 것이다. 모든 군더더기를 제거하고 벌거벗은 참모습을 직시하라. 비록 지금은 그럴듯한 모습일지라도 언젠가는 분해되어 다른 것으로 변하게 될 것들이다.

살아가는 동안에 그대에게 나타나는 모든 사물을 성실히 조직적으로 검토하고 사물을 대할 때는 항상 그것이 우주에서 어떠한 위치를 차지하고 있으며, 그것이 만물과는 어떤 관련을 갖고 어떠한 효용을 갖고 있으며, 또 모든 국가들 중 최고인 로마의 시민으로서의 자신과 어떤 관계가 있는지 고찰하도록 하라.

현재 내 앞에 놓여 있는 이 사물의 본성은 무엇이며 또 얼마나 오랫동안 지속될 것인가? 이러한 사물에 대해 친절, 용기, 진실, 소박, 만족 등의 덕 중에서 나에게 필요한 덕은 어떤 것인가를 고찰하는 것처럼 마음을 풍요롭게 하는 것은 없다. 그러므로 그대는 언제나 이렇게 말해야 한다. 이것은 신으로부터 나온 것이며, 이것은 운명과 비슷한 우연의 일치에서 할당된 것이다.

어쩌면 그것들 중에는 신이 요구하는 바를 알지 못하는 그대의 형제들로부터 나온 것도 있을지 모른다. 그러나 그들이 모르는 것을 그대는 알고 있다는 이유로 형제들을 비난해서는 안 된다. 오히려 자연의 법칙에 따라 그들에게 호의와 친절을 베풀어야 하며, 보잘것없는 사물에 대해서도 그 나름대로의 가치를 확인하고자 노력해야 한다.

12

만약 그대가 진지한 열의와 자비심을 간직하고 올바른 이성에 따르며, 자기가 가지고 있는 신성을 언제라도 되돌려줄 수 있도록 그것을 소중하게 간직한 채 모든 일을 처리해 간다면, 아무것도 기대하지 않고 두려워하지 않으며 말과 행동이 자연의 법칙과 일치한다면, 행복은 바로 그대의 것이다. 그리고 아무도 그대의 행복을 방해하지는 못한다.

13

항상 치료 기구와 메스를 잘 정돈해 두어 갑작스럽게 기술을 발휘해야 할 때를 대비하는 의사처럼, 사물과 인간은 어떤 관계를 맺는 것이 바람직하며, 신과 사물과의 관계는 어떠한가를 이해할 수 있는 신조를 가지고 있어야 한다. 사소한 일이라도 이 둘 사이의 관계를 의식하고 행동해야 한다. 신과의 관계를 알지 못하면서, 사물과의 관계도 알지 못하면서, 훌륭하게 일을 처리할 수는 없기 때문이다.

14

이제 더 이상 방황하지 말라. 이미 자신의 비망록(備忘錄)이나, 고대 로마 인이나 그리스 인의 자서전, 혹은 노후를 생각해서 여러 책에서 뽑은 발췌록(拔萃錄) 같은 것을 읽을 필요가 없다. 그러므로 눈앞의 일을 서둘러서 성취하라.

주어진 시간은 결코 길지 않다. 진실로 자기 자신을 위한다면 헛된 희망을 던져 버리고 아직 능력이 남아 있는 동안에 이성의 인도에 따르라.

15

사람들은 다음과 같은 말에 얼마나 많은 의미가 담겨져 있는가를 잘 모른다. 즉 훔친다든가, 씨를 뿌린다든가, 물건을 매매한다든가, 조용히 지낸다든가, 꼭 해야 할 자신의 의무를 이행한다든가 하는 말 등이다. 이것은 육안으로는 볼 수 없으며, 전혀 다른 종류의 통찰력에 의해서만 비로소 밝혀지는 것이기 때문이다.

16

육체, 영혼, 이성 — 육체에는 여러 가지 감정이, 영혼에는 욕구가, 이성에는 원칙이 속해 있다.

감정은 인간뿐 아니라 짐승에게서도 찾아볼 수 있다. 폭군 네로나 팔라리스(Phalaris : 기원전 6세기경의 시실리아 통치자. 산 사람을 끓는 가마솥에 넣어 죽였다고 함) 같은 사람도 갑작스런 충동에는 이끌리고 말았다.

또 신을 부정하는 사람, 나라를 팔아먹는 사람, 문을 닫아걸고 은밀한 곳에서 불결한 행동을 하는 사람들도 자기의 의무를 적당히 일깨워 주는 이성을 지니고 있다.

내가 이미 밝힌 모든 것을 만인이 공동으로 가지고 있다면 선한 사람이란 어떤 사람인가? 그들은 어떠한 일이든 운명의 손길이 자기에게 제공한 것이라면 기꺼이 만족스럽게 받아들이며, 마음속의 신성을 더럽히거나 잡다한 상념으로 흐트러뜨리지 않으며, 신성에 순종함으로써 진리에 어긋나는 말을 입에 담지도 않으며, 정의에 위배되는 행동은 하지 않는 사람들이다.

또한 그들은 자신이 성실하고 겸손하며 자기 신뢰의 행복 속에서 살아가고 있다는 사실을 모든 사람이 의심한다고 해도 결코 화를 내지 않는다. 그들은 평온하고 순수한 마음으로 죽음에 대비하며, 자연스레 자신의 운명에 순응하면서 자신의 의무가 명령하는 길을 말없이 걸어갈 뿐이다.

제 4권

1

사람의 마음을 지배하고 있는 신성이 자연에 순응할 때는 여러 가지 현상에 대해 언제나 쉽게 적응한다. 미리 준비하지 않고서도 일정한 조건 아래에서 그 목적을 향해 나아가며, 장애물이 나타나더라도 기꺼이 타협한다. 그것은 마치 불이 자기에게 던져진 물건을 태워 버리는 것과 같다. 조그만 불이라면 곧 꺼지겠지만 불길이 강렬할 때는 오히려 던져진 물건이 재료가 되어 더욱 강하게 타오르는 것이다.

2

어떤 일이든지 목적도 없이 아무렇게나 해서는 안 된다. 기술상의 완전한 원리에 따라 행동하라.

3

사람들은 시골이나 해변이나 산 속 등 조용한 곳에 은신처를 마련하려고 애쓴다. 그러한 장소를 열망하는 마음이 있다면 그것은 지극히 범속한 사람이라는 증거가 된다. 마음이 내키면 언제라도 자신 속에서 휴식을 취할 수가 있기 때문이다. 자기 자신의 영혼보다 더 평화롭고 한적한 장소는 어디에도 없다. 특히 영혼이 안정된 상태에 있을 때라면 더욱 그렇다. 내가 말하는 평온이란 정신의 훌륭한 질서를 가리키는 것이다. 그러므로 이 은신처에서 휴식을 취하여 끊임없이 자신을 쇄신하라.

그대의 원리는 간결하고도 근본적인 것이어야 한다. 그것을 상기하는 것만으로도 곧 영혼은 깨끗이 정화되고 주목하는 것들에 대한 불만이 사라질 것이다.

그러면 그대의 불만은 무엇인가? 인간의 악에 대한 불만인가? 모든 사람은 서로를 돕기 위해 존재하고 있으며, 서로 참는 것은 정의의 한 부분이며, 의도적으로 잘못을 저지르지는 않는다는 사실을 명심하라. 수많은 사람들이 적의와 의심, 증오로 인해 싸움을 되풀이했지만 결국 은 한줌의 재가 되어 시러졌다는 사실을 상기한다면 마음의 평정을 찾을 수 있을 것이다.

이 세상에서 그대에게 주어진 역할에 불만을 품고 있는가? 그렇다면 과연 세상에 신의 섭리가 있는가, 아니면 원자만 있어서 모든 사물이 우연히 결합되는 것인가, 라는 명제를 상기해 보라. 만약 현명한 신이 존재하지 않는다면 이 세상은 단지 원자들의 무질서한 결합에 불과할 뿐이다. 만약 현명한 신의 지배 아래 이 세상이 움직인다면 불만을 품어 스스로를 괴롭힐 필요가 어디 있는가? 이 세계가 조화를 이룬 가운데 움직이고 있다는 사실을 증명해 주는 수많은 이론을 생각하라. 그러면 마침내 평안한 마음을 지니게 될 것이다.

그러나 육체적인 것들이 아직도 그대를 속박할지 모른다. 육체의 능력은 정신에 아무런 영향도 주지 못한다. 육체가 쾌락과 고통에 웃고 울지라도 정신은 여전히 침착과 평온함을 유지할 수 있는 것이다. 지금까지 쾌락과 고통에 대해 듣고 수긍해 온 모든 것들을 차분히 생각해 보라. 그러면 평안한 마음을 찾게 될 것이다.

그러나 또 명성을 구하고 싶은 욕망이 그대를 괴롭힐지도 모른다. 그렇다면 눈앞에서 일어나는 모든 일이 얼마나 빨리 잊혀지는가를, 그리고 과거와 미래의 무한한 시간에 비해 현재는 얼마나 짧은 순간에 지나지 않는가를 생각하라. 박수갈채의 공허함, 우리를 찬양하는 사람들의 판단은 얼마나 허점이 많으며 쉽게 변하는가, 또 그 찬양이 전해지는 공간이 얼마나 좁은가를 생각하라. 우주와 비교할 때 지구는 한 점에 불과하다. 그 속에서도 그대가 몸담고 있는 곳은 얼마나 작은 구석인가? 그대를 알고 있는 사람이 전세계 인류 중 몇 명이나 될 것이며 그들 중 얼마나 되는 사람이 칭찬할 것인가? 또 칭찬하는 사람들은 어떤 종류의 사람들인가? 어째서 결점투성이인 몇 명 안 되는 사람들의 칭찬을 받기 위해 마음을 졸이며 스스로 괴롭히고 있는가?

이제 그대 안에 있는 작은 영지(領地)에 안주하라. 무엇보다도 마음을 혼란하게 만들지 말며 초조해하지 말고 자유로워야 한다. 한 남자로서, 인간으로서, 시민으로서, 그리고 언젠가는 죽어야 할 존재로서 인생을 대하라. 그대가 명심해야 할 좌우명으로 다음의 두 가지를 언제나 기억하라.

첫째로 사물은 외부에 있고 고정된 것이므로 영혼에 영향을 주지 못하며, 마음의 동요는 오직 마음속의 주관(主觀)에서 비롯될 뿐이다.

둘째로 눈앞에 있는 것은 매순간마다 변하며, 곧 사라져 존재하지 않게 된다. 이미 당신은 그러한 변화를 수없이 목격하지 않았는가? 우주는 변화이며, 인생은 자신이 그것을 어떻게 생각하느냐 하는 견해에 불과하다.

4

만약 우리들의 예지가 모든 인류에게 공통된 것이라면 우리에게 해야 할 일과 해서는 안 될 일을 구분짓게 하는 이성 역시 모든 인류에 공통된다. 이 점으로 미루어 이 세계는 하나의 국가라고 생각할 수 있으며, 모든 인류는 정치적 공동체이다. 그밖의 어떤 정치적 공동체에 모든 인류가 속해 있다고 할 수 있는가? 세계가 한 국가라는 생각에서부터 우리들의 지적 능력, 추리 능력, 법에 대한 능력이 생겨나는 것이다. 만약 그렇지 않다면 이러한 능력은 어디에서 나오는 것이겠는가? 나의 몸을 구성하는 요소 중에서 흙으로 된 것은 흙에서, 물로 된 부분은 다른 원소로부터 생긴 것이며 호흡의 원천이 공기인 것처럼 모든 인류는 서로 형제이며, 인간이 지켜야 할 법은 이성으로부터 나온 것이 틀림없다. 왜냐하면 무(無)로부터는 아무것도 생겨날 수 없기 때문이다.

5

죽음은 출생과 마찬가지로 자연의 신비이다. 출생이란 여러 원소의 결합이며, 죽음이란 여러 원소가 다시 흩어진 상태를 말한다. 그러므로 인간은 죽음을 두려워하거나 부끄러워할 필요가 없다. 그것은 이성적 존재의 본질에 어긋나지 않으며, 인체 구조의 원리에도 어긋나지 않기 때문이다.

6

어떤 사람이든 각자 자기의 본성에 맞는 일을 하는 것은 당연한 일이다. 만약 이러한 사실을 부인하는 사람이 있다면 무화과나무에서 전혀 다른 열매가 맺히기를 바라는 사람과 같다. 혹시 다른 사람의 행동이 못마땅하게 생각되더라도 그 사람이나 그대나 머지않아 죽는다는 사실을 상기하라. 그리고 얼마 후에는 그대의 이름조차 잊혀질 것이다.

7

'나는 피해를 입었다'라는 생각을 버려라. 그러면 피해를 입었다는 느낌이 없어질 것이다. 그 느낌이 없어지면 자연히 피해 그 자체도 소멸되어 버린다.

8

사람을 더 나쁘게 만들지 못하는 것들은 그의 생활도 해치지 못한다. 내부적이든 외부적이든 어떠한 해도 끼치지 못하는 것이다.

9

유익한 것의 본성은 필연적으로 그것이 완수된다는 점이다.

10

어떤 것이든 이 세상에서 일어나는 일에는 정당한 이유가 있다. 주의 깊게 모든 일을 관찰한다면 반드시 그 정당성을 인정하게 될 것이다. 사건의 단순한 인과 관계적인 지속성에 대해서 말하는 것이 아니다. 모든 일의 정당성, 각 사물이 자기의 가치를 인정하는 자에 의하여 이루어진 것처럼 정당하다는 점을 지적하고 싶다.

이미 시작한 관찰을 계속하라, 그리고 무슨 일을 하든 누구든지 그것이 선한 일이라는 것을 인정할 수 있도록 행동하라. 어떤 행동을 하더라도 이 점을 명심하라.

11

오만한 행동으로 해를 끼치려 하는 사람이나, 그러한 사람들이 두루 알리려는 의견을 받아들이지 말라. 항상 진리에 비추어 사물의 있는 그대로의 참모습을 바라보라.

12

언제나 다음의 두 가지 규칙을 따를 마음의 준비를 하라.

첫째, 지배자로서 또한 입법자로서의 이성이 인간에게 유익하다고 권유하는 일만 해야 한다.

둘째, 주위에 그대를 올바른 길로 인도하고자 하는 사람이 있다면 그 사람의 충고에 따라 생각을 바꾸어야 한다. 그러나 생각을 바꿀 때는 정의나 공공의 이익에 어긋나지 않는다는 확신이 설 때까지 다시 한번 신중히 생각해 보아야 한다. 그 결심이 쾌락이나 좋은 평판을 받기 위한 동기에서 출발해서는 안 된다.

13

그대에게는 이성이 있는가? 물론 있다. 그렇다면 어째서 그것을 이용하지 않는가? 만약 이성이 제구실을 하고 있다면 그 이상 무엇을 바라겠는가?

14

그대는 지금까지 이 우주의 작은 부분으로 존재하여 왔다. 그리고 언젠가는 그대를 태어나게 한 자연의 품으로 되돌아갈 것이다. 아니, 오히려 변화에 의해 생성(生成)의 원리 속으로 되돌아간다고 할 수 있을 것이다.

15

같은 제단 위에 차려 놓은 수많은 유향(乳香)의 낱알들도 어떤 것은 먼저 떨어지고 어떤 것은 나중에 떨어진다. 그러나 거기에 무슨 차이가 있겠는가?

16

이제까지의 생활 신조를 바꾸어 원칙으로 되돌아가서 이성을 존중한다면, 지금 그대를 들짐승이나 원숭이 정도로 평가하는 사람일지라도 열흘이 못 돼서 그대를 신처럼 섬기게 될 것이다.

17

마치 천년이나 만년이라도 살 것처럼 행동하지 말라. 지금도 죽음은 다가오고 있다. 살아 있는 동안, 아직 능력이 있을 때 선한 일을 하라.

18

이웃 사람들이 무슨 말을 하고 무슨 일을 하며 어떤 생각을 하고 있는지 알려고 할 필요가 없다. 오직 자신이 해야 할 일에만 관심을 쏟고 그 일이 정당하고 신의 뜻에 합당한가만을 생각하는 사람은 많은 시간과 수고를 절약할 수 있다. 선한 사람은 다른 사람의 타락한 모습을 돌아보지 않고 곧장 자신의 목표를 향해 나아갈 뿐이다.

19

사후에 명성을 남기려고 연연해하는 사람은 그를 기억하는 사람들 역시 곧 죽게 된다는 사실을 생각하지 않고 있다. 어떠한 명성도 그것을 기억하고 있는 소수의 사람을 통해 전해지다가 결국은 사라져 버리고 만다. 설사 그대를 기억하는 사람들이 죽지 않고 그들의 기억 역시 영원하다고 가정하더라도 그것이 그대와 무슨 관계가 있단 말인가? 이미 죽은 후에는 그들의 찬양은 아무 의미도 없는 것이다. 살아 있다고 해도 그것이 무슨 뜻이 있겠는가? 고작해야 어떤 편의(便宜)가 제공될 뿐이다. 아무튼 후세 사람들의 평판에 신경을 소모하고 있다면 자연의 선물을 받을 수 있는 현재를 잘못 이용하고 있는 것이다.

20

어떤 점에서든 아름다운 것은 결국 그 자체가 아름다운 것이다. 그 자체에 본성이 있는 것이지 어떤 외부적 요소 때문에 아름다운 것은 아니다. 그러므로 찬양이 아름다움이란 본질의 일부분이 될 수는 없다. 찬양을 받는다고 해서 그것이 더 좋아지거나 더 나빠지는 것은 아니다.

일반적으로 아름답다고 말하는 자연물, 예술 작품, 자연 현상 등도 이와 마찬가지이다. 진정 아름다운 것은 그런 찬사가 필요하지 않다. 법칙이나 진리, 자비심, 겸손 등이 찬양을 받았다고 해서 더 미화되고 비난을 받았다고 해서 손상되는가? 에메랄드는 칭찬받지 못하면 본래의 아름다움을 잃어버리는가? 또 금이나 상아, 자수정, 하프, 단도, 관목 등도 그러하단 말인가?

21

만약 죽은 후에도 영혼이 소멸되지 않고 남는다면 대기는 어떻게 이 수많은 영혼들을 태곳적부터 수용해 왔을까? 그리고 육체가 썩지 않는다면 대지는 어떻게 아득한 옛날부터 그 속에 매장된 시체들을 처리할 수 있었을까?

수많은 시체들은 한동안 땅 속에 머물러 있다가 이윽고 분해되어 다른 시체에 장소를 비워 주는데, 이처럼 영혼도 얼마 동안 대기 속에 머물러 있다가 변화하고 분해되어 우주의 창조적 원리에 따라 불과 같은 성질이 되었다가 이윽고 새로운 영혼에게 자리를 양보하는 것이다. 아마도 영혼 불멸설을 주장하는 사람들은 이와 같이 대답할 것이다.

그러나 우리는 죽어서 매장되는 시체의 숫자만을 생각해서는 안 된다. 매일 얼마나 많은 동물들이 다른 동물의 먹이가 되어 그들의 육체에 묻히고 있는가! 희생된 동물들은 그들을 잡아먹은 동물들의 피와 공기와 물과 같은 성분으로 변하여 사라진다. 이처럼 자연은 이용할 수 있는 것은 모조리 이용한다.

이 문제에서 진리를 발견하는 길은 무엇인가? 그것은 물질과 형상 및 형상적인 것의 원인을 구분짓는 분석법으로 알 수 있다.

22

공연히 방황하지 말라. 어떤 행동을 하든 진리를 존중하여 정의에 비추어 보고, 온갖 지혜를 동원하여 신중히 생각하라. 무슨 일이든 반드시 우주의 필연성에 의해 일어나는 것이기 때문이다.

23

오, 우주여! 그대와 조화를 이루고 있는 것은 나와도 조화를 이룬다. 그대에게 적절한 시기에 일어난 것이라면 나에게도 너무 이르거나 늦지 않다.

오, 자연이여! 그대의 계절에 따라 생산된 것은 모두 나를 위한 결실이다. 모든 것은 그대로부터 나에게 오고 그대 안에 있으며, 그대에게 돌아간다.

24

철학자 데모크리토스는 "마음의 평정을 얻고 싶다면 많은 일을 하지 말라."고 말한다. 그러나 그것보다는 이렇게 말하는 것이 좋지 않을까?

"필요한 일만 하라. 사회적 동물로서의 이성이 요구하는 일만을 이성에 따라 행하라."

이렇게 하면 반드시 해야 할 일만 하는 데서 오는 마음의 평정을 얻을 뿐만 아니라, 그것을 훌륭하게 수행했기 때문에 오는 마음의 평정도 얻을 수 있다.

우리가 말하고 행동하는 것은 거의가 불필요한 것들이다. 그러한 것들을 제거한다면 우리는 더욱 많은 시간을 즐기게 되고 근심이나 불안은 줄어들 것이다.

그러므로 어떤 일을 하기에 앞서 자신에게 '이 일은 꼭 필요한 것인가?'라고 물어보라. 또 우리는 불필요한 행동뿐만 아니라 불필요한 사상까지도 깨끗이 버려야 한다. 그러면 자연히 불필요한 행동은 하지 않게 될 것이다.

25

만유(萬有)로부터 주어진 자기 자신의 운명에 만족하는 사람, 올바르게 행동하고 자신의 인자한 성품에 만족하고 있는 사람 — 이런 선인의 생활이 당신에게도 적합한지 한번 시험해 보라.

26

그대는 저 여러 가지 일들을 본 적이 있는가? 보았다면 이제는 사물의 다른 쪽을 보라. 마음이 흐트러지는 일이 없도록 단순한 마음을 가져라. 누가 그대에게 피해를 주는가? 그것은 결국 그 사람 자신에게 해를 끼치는 결과밖에 안 되니 상관하지 말라.

그대에게 어떤 일이 일어났는가? 개의치 말라. 세상에서 일어나는 일은 우주가 생성될 때부터 이미 예정된 것이며, 그대의 운명 속에 포함되어 있는 것이다.

인생은 짧다. 이성에 복종하고 정의롭게 행동하는 것으로 현재를 이용해야 한다. 긴장을 풀었을 때도 지나치게 해이해져서는 안 된다.

27

우주는, 질서 정연한 것이든 혼란스럽기 짝이 없는 것이든 우주임에는 변함이 없다. 그러나 당신의 마음속에는 질서가 존재하는데 우주에는 질서가 없다는 게 가능할까? 만물이 분리되고 흩어지면서도 조화를 유지하고 있다는 사실은 분명하다.

28

음침한 성격, 비겁한 성격, 완고한 성격, 맹수처럼 잔인하고, 어리석고, 교활하며, 유치하고, 탐욕스러운 폭군적인 성격.

29

이 우주에 무엇이 있는지 모르는 사람을 우주 속의 이방인이라고 한다면, 우주에서 일어나고 있는 일을 모르는 사람도 역시 이방인이다. 그러한 사람은 이성의 법칙에서 달아나려는 도피자이며, 예지의 눈을 감은 장님이며, 스스로 자신의 생계를 책임지지 못하고 남에게 의지하려는 거지와 마찬가지이다. 이 세상에서 일어나는 일에 불만을 품고 우리의 보편적인 본성인 이성으로부터 물러나 스스로를 고립시키고 학대하는 사람은 우주에 붙어 있는 종기에 지나지 않는다.

자기의 고유한 영혼을 유일한 이성적 존재의 영혼으로부터 분리시키는 자는 사회로부터 떨어져 나간 보잘것없는 하나의 조각에 불과하다.

30

어떤 철학자는 내의도 입지 않고 지내며, 어떤 철학자는 책을 한 권도

읽지 않고 살아가며, 거의 벌거숭이로 살아가는 철학자도 있다. 세 번째 철학자는 "나에게 빵은 없지만 이성은 있다."라고 말했다. 그러나 나는 "학문으로 생계를 유지하지는 않지만 철학을 사랑하고 이성을 갖고 있다."고 말한다.

31

아무리 보잘것없는 것이라도 그대가 종사하고 있는 직업을 사랑하고 그것에 만족하라. 그리고 신을 섬기는 사람처럼 자기의 모든 것을 바쳐 여생을 보내라. 아무도 지배하려 하지 말고 또한 다른 사람의 노예도 되지 말라.

32

예를 들어 베스파시아누스(Vespasianus) 황제 시대를 생각해 보라. 지금 우리가 보고 있는 모든 일들이 그때도 있었다. 결혼하고, 애를 낳아 기르고, 병들고, 죽고, 싸우고, 향연을 베풀고, 장사하고, 농사를 짓고, 아첨하고, 오만하고, 의심하고, 음모를 꾸미고, 남이 죽기를 빌고, 현실에 불만을 품고, 사랑하고, 재물을 탐하고, 집정관의 지위나 왕위를 탐냈다. 그러나 오늘날 그들의 생활은 흔적조차 남아 있지 않다.

그러면 이번엔 트라야누스(Trajanus) 황제 시대를 살펴보자. 그 당시에도 모든 일이 마찬가지였다. 그들의 생활도 자취 없이 사라져 버렸다. 다른 시대의 생활을 살펴보아도 마찬가지이다. 얼마나 많은 사람들이 크나큰 노력을 기울이다가 순식간에 사라져 원소로 분해되었는가? 그대는 특히 잘 알고 있는 사람들의 생활을 주의해서 생각해 보아야 한다.

그들 중 많은 사람들이 헛된 일에 본심을 어지럽히고, 삶의 의무를 게을리하며, 공허한 환락에 잠겨 그들의 본질에 맞는 일을 게을리하고 있을 것이다. 여기에서 당신이 깨달아야 할 점은 무슨 일을 하든지 각각 그 본래의 가치와 분수를 파악해야 한다는 사실이다. 이 말의 의미를 충분히 이해했다면 그대는 적합하지도 않고 중요하지도 않은 사소한 일에 쓸데없이 정력을 소모시키지는 않을 것이다.

33

지난날에 즐겨 사용되던 말들 중에 이제는 사라져 버린 것들이 많이 있다. 마찬가지로 예전에는 유명했던 사람들의 이름도 지금은 어떤 의미에서는 낡아 버렸다. 예컨대 카밀루스, 카에소, 볼레수스, 레오나투스, 그리고 이들보다 약간 후대의 이름들로 스키피오, 카토, 아우구스투스, 그후의 하드리아누스, 안토니누스 등이 이제는 고어(古語)가 되었다. 이 모든 것이 순식간에 퇴색되어 한낱 옛이야기가 되었다가 마침내는 망각 속에 묻히는 것이다. 위에서 언급한 사람들은 그 당시에는 놀라울 만큼 명성을 떨쳤었다. 그밖의 사람들은 숨이 끊어지자마자 잊혀지고 아무도 그들에 대해 이야기하지 않는다.

그렇다면 영원히 기억에 남는 것은 무엇인가? 아무것도 없다. 그러면 우리가 진정한 노력을 해야 할 일은 무엇인가? 그것은 오직 한 가지이다. 즉 정의로운 사상, 사회의 공익에 도움을 주는 행동, 정직한 말, 그리고 모든 일은 미리 예정된 것이며 동일한 근원으로부터 흘러나오는 필연적이고 통상적인 것임을 깨닫고 기꺼이 받아들이는 태도뿐이다.

34

운명의 여신 클로토(Clotho)에게 자신을 맡기고, 그녀가 그대의 운명의 실을 어떻게 짜든지 기꺼이 복종하라.

35

기억하는 사람이든, 기억되는 사람이든 모두가 덧없기는 마찬가지다.

36

만물은 변화에 의하여 생긴다는 것을 언제나 기억하라. 존재하는 것들을 변화시키고 같은 것을 다시 만들어 내는 것이 우주의 본질이다. 그것을 좋아한다고 생각하는 습관을 기르도록 하라. 현재 존재하고 있는 것들은 앞으로 존재하게 될 것의 씨앗이기 때문이다. 그런데 그대는 씨앗이란 단지 땅이나 태(胎) 속에 뿌려지는 것이라고만 생각하고 있다.

이 얼마나 엄청난 편견인가! 그것은 다만 쉽사리 눈에 띄는 부분일 뿐, 우주의 모든 것들은 다 마찬가지이다.

37

얼마 후면 그대는 죽을 것이다. 그런데도 마음은 거짓에 물들어 있으며, 번뇌로부터 헤어나지도 못했으며, 외부의 사슬로부터 해를 입지 않을까 의심을 버리지 못했으며, 모든 사람에게 친절하지도 않다. 정당한 행동을 위해서만 지혜를 사용해야 한다는 사실도 전혀 깨닫지 못하고 있다.

38

사람들의 이성, 특히 현명한 사람들의 이성을 유심히 관찰하라. 그래서 그들이 무엇을 피하고 무엇을 추구하고 있는지 알아보라.

39

불행은 다른 사람의 마음에서 오는 것이 아니다. 그렇다고 그대를 둘러싸고 있는 환경이 변한 데서 오는 것도 아니다.

그러면 불행은 어디에서 오는 것일까? 그것은 불행이라고 생각하는 자신의 확신으로부터 온다. 그러므로 그러한 확신을 거부하라. 그러면 모든 일이 순조롭게 될 것이다. 설사 가장 가까운 이웃, 즉 보잘것없는 육체가 절단되고 불에 타고 고름이 흐르고 썩더라도 그것을 불행이라고 판단할 수 있는 이성만은 냉정해야 한다. 악한 사람이나 선한 사람이나 가리지 않고 동등하게 일어나는 일은 악도 아니고 선도 아니라는 판단을 내려야 한다. 자연의 뜻에 위배되는 생활을 하는 자에게나 자연의 법칙에 순응하는 생활을 하는 자에게나 동등하게 일어나는 일은, 자연에 어긋나는 것도 자연을 따르는 것도 아니기 때문이다.

40

우주는 하나의 생명체이며, 하나의 영혼을 갖고 있다는 것을 언제나 잊지 말아야 한다. 만물이 어떻게 이 생명체의 감성(感性)과 관련되고, 만물이 어떻게 하나의 움직임에 따라 행동하며, 만물이 어떻게 존재하는 모든 것의 제2 원인이 되는가를 살펴보라. 그리고 만물이 어떻게 결합되어 있고 뒤얽혀 있는가를 주의 깊게 관찰하라.

41

에픽테토스의 말처럼 인간이란 육체라는 옷을 걸친 보잘것없는 영혼에 지나지 않는다.

42

변화하는 것이 사물에게 나쁜 것은 아니며, 변화의 결과로서 존재하는 것이 사물에게 좋은 것도 아니다.

43

시간이란 여러 가지 사건으로 형성된 격렬하게 흐르는 강과 같다. 어떤 것이든 나타났다고 생각한 순간 금방 흘러가 버리고 곧 다른 것이 나타나 그 자리를 메운다. 그러나 그것 역시 곧 떠내려가는 것이다.

44

이 세상에서 일어나는 모든 일은 마치 봄의 장미, 여름의 과일처럼 눈에 익고 잘 알려진 현상이다. 즉 병과 죽음, 비방과 음모, 그밖의 여러 가지 일인데 어리석은 자들은 이러한 것들에 즐거워하고 때로는 괴로워한다.

45

뒤따르는 것들은 언제나 앞서 일어난 일과 밀접하게 연결되어 있다. 무엇과도 연결되지 않은 채 홀로 일어나는 것은 절대로 있을 수 없다. 그것은 단순히 사물을 연결한 것이 아니라 필연적인 순서에 따라 합리적으로 연관되어 있기 때문이다. 따라서 현재 존재하는 모든 것들이 서로 조화를 이루며 결합되어 있는 것처럼, 앞으로 존재하게 될 것들도 단순한 연속이 아니라 현재와 밀접한 관계를 지니게 될 것이다.

46

늘 헤라클레이토스(Herakleitos)의 말을 기억하라. 그는, "흙이 죽으면 물이 되고 물이 죽으면 공기가 되며, 공기가 죽어서 불이 생겨난다. 그 반대도 가능하다."라고 말하였다.

사람들은 자기가 어디를 향해서 가는지도 모르면서 길을 가며, 이성에 관하여 자주 토론하면서도 그것이 우주를 지배한다는 사실을 모르며, 날마다 마주치는 것들도 그들에게는 마치 낯선 것으로 보인다는 말도 기억하라. 그는 또 잠에 취한 사람처럼 말하거나 행동해서는 안 된다고 말했다. 그리고 부모의 가르침을 받은 어린아이처럼 배운 그대로 단순하게 행동해서는 안 된다고 덧붙였다.

47

만약 어떤 신이, 그대는 내일 아니면 모레 죽을 것이라고 말한다면 아주 어리석은 인간이 아닌 이상 내일 죽든 모레 죽든 별로 차이가 없다고 생각할 것이다. 이와 마찬가지로 내일이 아니라 몇 십 년 후에 죽더라도 큰 차이는 없는 것이다.

48

얼마나 많은 의사들이 병들어 신음하는 환자 때문에 고심하다가 죽어

갔는가를 항상 생각하라. 오만하게 남의 운명을 예언해 주던 수많은 점성가들, 죽음과 불멸에 대하여 끝없이 논쟁을 벌이던 수많은 철학자들, 무수한 사람의 목숨을 빼앗아간 장군들, 마치 영생이라도 누릴 듯 행세하며 멋대로 횡포를 부리던 수많은 폭군들, 그러나 모두 죽어 이 세상에서 사라졌을 뿐이다.

또 얼마나 많은 도시가 폐허로 변했는가. 헬리케, 폼페이, 헤르클라네움, 그밖의 무수한 도시를 생각하라. 그대가 알고 있는 사람들이 연이어 죽어가는 것을 생각해 보라. 어떤 사람은 다른 사람을 묻어 주고 죽었다. 그도 역시 남의 손에 의해 묻히고, 그는 또 다른 사람에 의해 묻힌다. 이 모든 것은 아주 짧은 시간에 이루어진 일이다.

결국 인간사란 얼마나 덧없고 무상한 것인가. 어제의 정액(精液)이 내일은 미라나 한줌의 재가 되어 사라져 버린다. 그러므로 비록 얼마 안되는 시간이나마 자연에 순응하여 살다가 평안히 여생을 마쳐야 한다. 마치 잘 여문 올리브 열매가 자기를 낳아 준 자연을 칭송하고 키워준 나무에 감사하면서 떨어지듯이.

49

끊임없이 파도가 밀려와 부서져도 끄떡없이 버티고 서서 노한 물결을 달래는 바위처럼 살라. 하필이면 내가 이런 변을 당하다니, 이 얼마나 불행한가! 아니, 그 반대이다. 오히려 그런 일을 당하더라도 슬퍼하지 않고 현재에 압도당하거나 미래를 두려워하지 않기 때문에 그대는 행복한 것이다.

그대가 당한 일은 누구에게나 일어날 가능성이 있다. 그러나 모든 사람이 같은 일에 똑같은 반응을 보이지는 않는다. 어떤 사람에게는 불행으로 생각되는 일이 다른 사람에게는 행운으로 느껴질 수도 있다. 어떠한 일이 인간의 본성에서 벗어나지 않을 경우 그 일을 불행이라고 말하겠는가? 자연의 본성에 위배되지 않으면서 인간의 본성에는 어긋나는 일이 있을 수 있다고 생각하는가? 물론 그대는 자연의 본성이 무엇인지를 잘 알고 있을 것이다. 그렇다면 이미 일어난 일이 그대가 올바르게 행동하지 못하도록 방해하는가? 또 그것이 정의, 관대함, 절도, 신중함, 솔직함, 겸손함, 독립심 등 본연의 인간성을 유지하는 데 필요한 것들을 막고 있는가? 앞으로 어떤 문제에 부닥쳐 불행하다는 생각이 마음을 괴롭히면 다음과 같은 법칙을 적용하라.

"이것은 불행이 아니다. 오히려 꿋꿋이 참고 견디어 내는 것이 바로 행복이다."라고 말하라.

50

삶에 지나치게 집착하는 사람들을 보면 오히려 죽는 것이 쉽다는 생각이 들 것이다. 남보다 조금 더 오래 산다고 해서 무엇을 더 얻을 수 있겠는가? 결국은 그들도 다른 사람들처럼 어딘가에 매장될 뿐이다. 카디키아누스, 파비우스, 율리아누스, 레피두스, 그밖에 이와 비슷한 사람들도 여러 사람의 장례식에 참석한 후 지금은 다 지하에서 영원히 잠들어 있다.

참으로 삶과 죽음 사이는 가깝다. 그런데 그 동안 얼마나 많은 고통을 겪으면서 얼마나 다양한 사람들과 교제하며 얼마나 허약한 육신으로 애태우면서 살아가는가! 지나간 시간은 얼마나 길며 앞으로 다가올 시간은 얼마나 길까를 생각하라.

그에 비해 삶은 얼마나 짧은가. 이렇게 생각할 때 사흘밖에 살지 못한 갓난아이와 남보다 3배를 더 살았다는 게레니오스 사이에 무슨 차이가 있단 말인가!

51

언제나 지름길을 택해서 달려라. 지름길이야말로 자연의 길이다. 그것은 그대를 건전한 이성에 따라 말하고 행동하게 인도하는 길이다. 그 길을 택한다면 괴로움과 투쟁, 모든 농간과 야비한 허세로부터 해방될 것이다.

제 5 권

1

아침에 일어나기 싫을 때는 '보람있는 일을 하기 위해 일어나야 한다'라고 생각하라. 보람된 일을 하기 위해 세상에 태어나 존재하고 있는데 어째서 불평을 하는가! 그렇지 않으면 따뜻한 이불 속에 편안히 누워 있기 위해 태어났단 말인가? 물론 이불 속에 누워 있는 것이 훨씬 편안할 것이다. 그렇다면 그대는 쾌락만을 추구하기 위해 존재하고 그밖에는 아무 일도, 아무런 노력도 하지 않아도 된다는 말인가? 작은 식물이나 새, 개미, 거미, 꿀벌 등도 우주의 질서를 유지하기 위해 맡은 바 임무를 수행하며 바쁘게 움직인다.

그런데 그대는 인간으로서 당연히 해야 할 일을, 그리고 본성이 요구하는 일을 왜 등한시하고 있는가? 물론 인간에게는 휴식이 필요하다. 그러나 자연은 휴식에도 일정한 한계를 정해 놓았다. 마치 과음이나 과식이 몸에 해로운 것처럼 휴식에도 한계가 있는 것이다. 그런데도 그대는 때때로 지나치게 많은 음식을 먹는 것처럼 휴식의 한계를 벗어나 지나치게 많이 쉬려하고 있다. 그러나 먹고 마시는 경우와는 달리 행동에서는 할 수 있는 일을 최소한으로 줄이려고 한다. 결국 자기 자신을 진실로 사랑하지 않기 때문에 이러한 행동을 해 버리는 것이다. 만약 자신을 사랑한다면 반드시 자기 본성과 그 의지를 존중했을 것이다.

그러나 자신의 기예(技藝)를 사랑하는 사람들은 목욕이나 식사도 잊고 지칠 때까지 일한다. 그럼에도 불구하고 조각가는 조각에, 무용가는 춤에, 수전노는 돈에, 허영심 많은 사람이 자기의 하찮은 명성에 정열을 쏟는 것만큼 그대는 자신의 본성에 관심을 기울이지 못하고 있다. 위에서 말한 사람들은 자기가 선택한 일을 완벽한 궤도에 올려 놓기 위해 침식마저 잊고 그것에 열중한다. 그렇다면 그대는 사회의 공익을 위해 봉사하는 것이 가치 없고 수치스럽다고 생각하는가? 노력할 만한 가치가 없다고 생각하는가?

2

번거롭고 온당치 못한 생각을 망각 속으로 몰아내고 곧 평온함으로 돌아갈 수 있다는 사실은 우리에게 얼마나 커다란 위안이 되는가!

3

자연의 법칙에 따르는 말과 행동은 그것이 어떤 것이든 자신에게 어울린다고 생각하라. 만약 자신의 말과 행동이 타당하다고 생각한다면 다른 사람의 비난이나 손가락질 때문에 동요할 필요가 없다. 절대로 자신의 생각을 굽혀서는 안 된다.

그대를 비난하는 사람들 역시 그들 나름대로의 생각과 판단에 따라 행동하고 있는 것이다. 그러므로 남이 뭐라고 말하든 그들의 견해에 마음이 흔들릴 필요는 없다. 이 점을 염두에 두고 자기 자신의 본성과 대자연의 보편적인 본성에 따라 똑바로 나아가라. 이 두 길은 곧 하나가

될 것이다.

4

나는 아름답고 따뜻한 자연의 품속에서 살다가 마침내 쓰러져 휴식하게 될 것이다. 매일 숨쉬던 공기 속에 마지막 숨결을 토해낸 다음, 아버지에게서 종자를, 어머니에게서 피를, 유모에게서 젖을 공급받게 해 주고 지금까지 나를 고이 길러준 이 대지 위에 쓰러지는 것이다. 대지는 오랫동안 나에게 음식을 제공해 주었으며 더욱이 내가 그를 짓밟고 여러 목적을 위하여 남용했음에도 불구하고 말없이 내 육신을 거두어들이는 것이다. 나는 대지 위에 쓰러질 때까지 자연의 인도에 따라 생기는 여러 가지 일들을 체험할 것이다.

5

그대에게는 남들이 감탄할 정도의 예리한 재능이 없을지도 모른다. 그러나 그것을 한탄할 수만은 없는 다른 여러 장점을 지니고 있다. 내부에 잠재된 성실, 근엄, 인내심, 쾌락을 배척하는 마음, 자유, 자비심, 고매한 정신 등이 바로 그것이다. 지금에라도 이와 같이 많은 장점을 발휘할 수 있다는 사실을 모르는가? 본래 그러한 미덕을 타고나지 않았다고 부정할 수 없다. 그럼에도 불구하고 자진해서 수준 이하에 머물려고 한다. 그러한 성품이 선천적으로 부족하다고 불평하고, 아첨하고, 인색하고, 자기의 단점만 찾아내고, 부질없는 명성에 허세를 부리며 불안에 떨고 있다.

그것은 결코 인간답게 살아가는 길이 아니다. 벌써 오래 전에 그러한 생활에서 해방되었어야만 했다. 이성의 인도에 따라 살아가겠다고 결심한다면 그러한 생활은 언제라도 간단하게 청산할 수 있다. 이러한 사실을 알고 있으면서도 나태하고 안이한 생활을 계속해 나가는 것보다 더 나쁜 것은 없다.

6

어떤 사람은 남에게 친절을 베풀었을 때, 곧 거기에 대한 보답을 바란다. 또 어떤 사람은 자신의 선행을 강조하지는 않지만 그래도 속으로는 상대방을 채무자로 여기고 절대로 자기가 해 준 일을 잊지 않는다. 반면에 남에게 베푼 친절을 조금도 의식하지 않는 사람도 있다. 그는 마치 포도나무에 잘 익은 포도가 달리는 것이 당연한 것처럼 자신의 행동에 아무 대가도 요구하지 않는다. 경주를 마친 말처럼, 개가 사냥할 때처럼, 꿀을 만드는 벌처럼, 선행을 베푼 후 그것을 남들에게 인정해 달라고 외치지 말라. 포도나무가 열매를 맺은 후 다음 해의 결실을 위해 말없이 준비하는 것처럼 행동해야 한다.

그렇다면 어떤 의미에서는 자신이 무슨 일을 하는지도 모르고 선행을 베풀어야 하는가? 바로 그렇다. 그러나 이렇게 반론을 제기하는 사람도 있을 것이다.

"자기의 행동이 사회적 활동임을 자각하고 남이 베푼 친절을 잊지 않는 것은 사회적 동물의 특성이다. 그러므로 자기가 무슨 일을 하는지 알고 있어야 한다."

물론 이 말은 진실이며 옳다. 하지만 위의 반론을 제기한 사람은 내 말의 참뜻을 왜곡하고 있다. 내 말의 진정한 의미를 잘못 해석했기 때문에 자기의 친절에 반드시 대가를 바라는 것이다. 이것은 분명히 본성에 어긋난다. 내 말을 이해한다면 선행의 대가를 바라지 않는다고 해서 사회적 활동과 의무를 저버리는 것은 아닐까 하는 걱정은 버려도 된다.

7

아테네 사람들의 기도 ― 자비로운 제우스 신이여, 비를 내려 주소서. 들판에 비를 내려 주소서.

만일 기도를 한다면 모든 것을 간구하지 말고 이처럼 단순하고 고상한 마음으로 해야만 한다.

8

지금까지 전해지는 말에 의하면, 의술의 신이라고 부르던 아에스쿨라피우스(Aesculapius)는 어떤 사람에게는 승마를, 어떤 사람에게는 냉수마찰을, 또 어떤 사람에게는 맨발로 다니라는 처방을 내렸다 한다. 이와 마찬가지로 우주의 본성은 어떤 사람에게는 질병을, 어떤 사람에게는 불구를, 어떤 사람에게는 실패라는 처방을 내렸다.

전자의 경우에는 환자의 건강을 위해 각자에게 알맞는 방법을 처방한 것이다. 후자의 경우도 이와 마찬가지라고 할 수 있다. 즉 우리에게 일어나는 일은 보다 인간다운 생활을 영위하도록 자연이 주는 적당한 시련인 것이다. 실제로 우리가 부닥친 여러 형태의 불행은, 마치 석공이 전체적인 조화를 위해 쓸모없어 보이는 모난 돌을 유용하게 활용하듯이 전체적인 삶의 조화를 위한 것이라고 할 수 있다.

우주에는 조화만이 있을 뿐이다. 수많은 물체가 모여서 이 세상이 만들어진 것처럼 무수한 원인이 하나의 운명을 형성한다. 아무리 어리석은 사람일지라도 운명의 뜻은 알고 있다. 그들은 자신의 불행을 운명이라고 말하며, 그것은 바로 자기를 위한 처방이라고 말한다.

우리는 의사의 처방을 거부없이 받아들이는 것처럼 자연의 처방도 자연스럽게 받아들여야 한다. 때로는 의사의 처방이 못마땅하게 생각될 때도 있겠지만 건강을 위해 순순히 따라야 하는 것이다.

자연이 우리에게 준 시련은 바로 자연 법칙의 수행인 동시에 완성이다. 우리가 고통스럽게 느낄지라도 그것이 우주의 평안을 위한 것이며 신의 번영과 행복으로 인도하는 것이기 때문에 기꺼이 받아들여야 한다. 자연은 전체를 위하여 필요한 것이 아니라면 결코 우리에게 고통을 주지 않는다. 그러므로 다음과 같은 두 가지만으로도 자신에게 일어나는 일을 기꺼이 받아들여야 한다.

첫째, 그 일이 일어난 것은 바로 그대를 위한 처방이기 때문이며, 태초에 그렇게 되도록 계획되어 있었기 때문이다.

둘째, 각자에게 개별적으로 일어나는 일도 전체적으로 생각할 때는 우주를 지배하는 법칙에 따른 것이며 우주의 존속을 위해 공헌하는 원인이 되기 때문이다. 그러므로 만약 당신이 어느 한 부분 또는 우주 전체를 구성하는 어떤 사물의 연관성과 지속성을 끊는다면 전체의 완벽한 조화는 깨지는 것이다. 즉 운명에 불만을 품는다면 그것이 바로 그 완전한 조화를 파괴하는 행위이며, 전체와의 연결을 끊어 버리는 결과가 되는 것이다.

9

신념을 갖고 올바로 행동하는데도 성공하지 못한다고 해서 싫증을 내거나 절망하거나 불평하지 말라. 실패하면 처음으로 되돌아가서 다시 시작하라. 자신의 행동에 떳떳한 명분을 내세울 수 있다면 그것으로 만족하고 당신이 새로 시작하려는 일을 사랑하라. 그리고 철학에서 해결책을 찾으려고 할지라도 너무 그것에만 의존하지 말고, 눈병이 난 사람이 해면이나 달걀을 사용하듯이 또는 다른 환자가 고약이나 찜질을 이용하듯이 실제적으로 행동하라. 그렇게 하면 당신은 이성에 복종하게 되고 그 안에서 안정을 얻을 수 있을 것이다. 그리고 철학은 당신이 원하는 것만 요구한다는 사실을 명심하라.

그러나 당신은 그 본성에 맞지 않는 다른 일을 하고 싶어한다. 지금 내가 하고 있는 일보다 더 즐거운 것이 도대체 무엇인가,라고 반문할지도 모르겠지만 그러한 생각이야말로 쾌락이 우리를 유혹하기 위하여 즐겨 사용하는 수법이다. 인간에게 쾌락이 가장 좋은 것일까? 관용, 자유, 성실, 친절, 경건 등의 기쁨이 쾌락에 미치지 못한단 말인가? 그것들은 전적으로 영혼의 작용인 이해와 인식의 능력, 즉 지혜에 의존한다.

그 점을 생각할 때 지혜 그 자체보다 더 유쾌한 것이 무엇이겠는가?

10

사물은 암흑 같은 신비에 싸여 있기 때문에 많은 훌륭한 철학자들도 이에 대해 확실하게 파악하는 것은 불가능하다고 생각했다. 심지어 스토아 학파의 철학자들까지도 그것을 잘 이해할 수 없다고 솔직하게 인정했다. 게다가 우리의 지식은 빈번히 오류를 범하고 있다. 이 세상 어디에 실수 없는 완전한 사람이 있겠는가?

그러므로 이번에는 이처럼 막연한 진리보다는 좀더 물질적인 대상에 대해 생각해 보자. 그것은 얼마나 덧없고 무가치한 것들인가? 즉 방탕한 자, 매춘부, 범죄자들도 그것들을 소유할 수 있는 것이다. 이제 당신 주위에 있는 사람들의 품행을 살펴보자. 당신은 그중에서 가장 유쾌한 사람들조차 참고 어울리기가 힘들다는 사실을 알게 될 것이다.

이러한 암흑과 추악, 존재와 시간의 무한한 흐름, 운동과 운동체의 끊임없는 유전(流轉) 속에서 과연 뛰어나다고 평가할 만한 존재나 진지하게 추구할 대상이 있다고 생각하는가? 나로서는 생각조차 할 수 없다. 그러나 반대로 자기 자신을 위로하고 조용히 자연의 법칙인 죽음을 기다리며, 그 시간이 지연된다고 해서 초조해하지 않고, 다음의 두 가지 원리를 항상 명심함으로써 마음의 평온을 유지하는 것이야말로 인간의 의무이다.

첫째, 우주의 본성에 어긋나는 일은 절대로 나에게 일어나지 않으며 둘째, 나는 신성에 어긋나는 일을 하지 않을 수 있는 능력을 지니고 있다는 사실이다. 왜냐하면 그 누구도 나에게 신성에 어긋나는 일을 강요할 수 없기 때문이다.

11

지금 나의 영혼은 무엇을 하고 있는가? 어떤 상황에서도 자기 자신에게 이렇게 물어볼 수 있는 습관을 길러야 한다. 또 지금 이 순간 누구의 영혼이 내 마음속에 자리잡고 있는가. 어린아이의 영혼인가, 젊은이의 영혼인가? 아니면 연약한 여자의 영혼인가, 폭군의 영혼인가? 그렇지

않으면 가축의 영혼인가, 야수의 영혼인가? 항상 그것을 염두에 두어야
만 한다.

12

많은 사람들이 자기 재산에 대해 어떻게 생각하고 있는지, 여기에도
배울 점이 있다. 만약 어떤 사람이 재산을 신중, 절제, 정의, 용기 등과
같은 선한 것이라고 생각한다면 그는 "대대로 전해 내려오는 많은 재산
은 오히려 좋지 않다."라는 희극 작가의 말에 동의할 수 없을 것이다. 반
대로 어떤 사람이 재산을 단순히 세속적인 물질이라고 생각한다면, 위
의 인용구를 대단히 쉽게 이해할 수 있을 것이다. 이처럼 재산이라는 개
념은 받아들이는 사람에 따라 큰 차이가 있다.

우리가 재산을 부나 사치, 명성과 관련된 물질적인 것으로 받아들인
다면 위의 희극 작가의 말은 훌륭한 교훈이 되는 것이다. 따라서 우리는
재산의 의미를 신중, 절제, 정의, 용기 등과 같은 미덕으로 받아들여야
한다. 그리고 이 경우에는 지나치게 많은 재산을 가진 사람은 그로 인해
자기 자신을 편안하게 할 여유가 없다는 말은 무시해도 된다.

13

나는 형상적인 요소와 실질적인 요소로 구성되어 있다. 그런데 이러한
구성 요소가 무에서 생겨난 것이 아닌 것처럼 결코 소멸되어 비존재로
되돌아가지는 않는다. 그러므로 나를 구성하고 있는 모든 부분은 변화에
의하여 우주의 다른 부분으로 재구성되고 다시 우주의 또다른 부분으로
변할 것이다. 또 이러한 과정은 영원히 계속된다. 실제로 이러한 변화의

결과로 인해 나는 존재하며, 나를 낳은 부모, 또 그 부모들의 조상들 역시 마찬가지이다. 즉 우주가 비록 일정한 주기를 갖고 순환된다 하더라도 결코 이러한 변화의 결과로 사라지지는 않는 것이다.

14

이성과 이성의 행동은 매사를 완벽하게 처리할 수 있는 충분한 능력을 갖고 있다. 이성은 자신이 설정한 목표를 향해 똑바로 나아간다. 그래서 바로 이러한 행위를 '올바른 행동(catorthoseis)'이라고 하는 것이다. 다시 말해서 이성에 따르는 행동이 가장 올바른 길을 걸어갈 수 있는 추진력이 되는 것이다.

15

인간으로서의 개인에게 어울리지 않는 사물을 그 사람의 것이라고 불러서는 안 된다. 그것은 인간의 본성이 요구한 바도 아니며, 인간의 본성을 완성시키는 데 조금도 도움이 되지 않는다. 그러한 일에는 특별히 주의를 기울일 필요가 없다. 인간에게 어울리지 않는 사물은 인생의 목적이 될 수 없으며, 그 목적을 달성시키는 선(善)도 아니기 때문이다.

그렇지만 만약 인간이 자신에게 어울리지 않는 것을 가지고 태어났다 하더라도, 또한 그것이 선이 아니라고 해도 경멸할 필요는 없다. 또 그것을 제기할 능력이 충분히 있다고 해도 굳이 제거하려고 노력할 필요는 없다. 그러나 이러한 것들, 혹은 이와 비슷한 다른 것들을 제거해 버릴수록, 또는 그것을 완전히 무시하고 행동하면 할수록 그만큼 그는 훌륭한 사람이 될 것이다.

16

그대가 항상 품고 있는 사상은 바로 그대의 영혼의 특성이라고 할 수 있다. 왜냐하면 영혼은 사상에 의해 물들기 때문이다. 그렇다면 다음과 같은 생각으로 영혼을 물들이도록 하라. 예를 들면, 인간이 살아갈 수 있는 조건을 갖춘 곳이라면 어디서든지 바르게 살 수 있다. 따라서 호화로운 궁전에서 살지라도 충분히 검소하게 살 수 있다는 식으로.

또한 모든 사물은 그 나름대로의 목적이 있기 때문에 만들어진 것이다. 사물이 이끌리는 곳에 목적이 있고, 목적이 있는 곳에 각 사물의 이익과 신이 존재한다고 생각하라. 이성적 동물인 인간에게 선이란 사회를 위해 이웃과 서로 돕는 일이다. 인간이 사회 생활을 하도록 태어났다는 것은 이미 앞에서 말한 바 있다. 약자는 강자를 위해 존재하고 강자는 더 강한 자를 위해 존재한다는 것은 명백한 사실이 아닌가. 생명체는 생명이 없는 것보다 우월하며 모든 생명체 중에서 가장 강한 것은, 이성을 가진 인간이다. 그러므로 인간은 같은 인간을 위해 존재한다. 이것이 바로 이웃간의 협력이며, 인간이 존재하는 가장 큰 목적이다.

17

불가능한 일을 추구하는 것은 미친 짓이다. 그러나 어리석은 사람들은 그 일을 중단하지 못한다.

18

인간에게는 그 본성이 감당할 수 없는 일은 결코 일어나지 않는다. 어떤 일이 두 사람에게 똑같이 일어났다고 가정해 보자. 한 사람은 자기에게 어떤 일이 일어났는지 모르거나 아니면 자신을 과시하기 위해 태연하거나 더욱 분발했기 때문인지 아무 해도 입지 않는다. 반면에 다른 사람은 당황해서 갈피를 잡지 못한다. 이 사람의 행동이야말로 무지와 허영이 지혜보다 강하다는 것을 입증하고 있다.

19

사물 자체는 우리의 영혼과 접촉할 수도 없으며 그 방향을 바꾸거나 움직이게 할 능력도 없다. 영혼은 오직 스스로의 힘으로 움직일 뿐이다. 영혼은 나름대로의 판단 기준을 세워 놓고 그것에 따라 모든 일을 처리한다.

20

남에게 친절을 베풀고 또 그들과 참고 견뎌야 한다는 점에서 인간은 나와 가장 가까운 존재이다. 그러나 어떤 사람이 나의 본성을 방해한다면 그는 태양이나 바람, 야수와 마찬가지로 나와는 별 관계가 없는 존재가 되어 버리기도 한다. 그는 나의 활동을 어느 정도 방해할 수는 있겠지만 나의 의지와 뜻을 속박할 수는 없다. 왜냐하면 나는 환경에 적응할 수 있을 뿐만 아니라, 나의 행동을 가로막는 모든 장애물을 유익하게 이용할 수 있기 때문이다. 따라서 장애물은 오히려 촉진제가 되어 앞으로 전진하는 데 도움이 되는 것이다.

21

우주에서 가장 뛰어난 것을 존중하라. 그것은 모든 사물을 이용하고 지배하는 것이다. 마찬가지로 그대가 지닌 가장 뛰어난 것을 존중하라. 그것은 우주에서 가장 뛰어난 것처럼 그대를 지배하고 인도하기 때문이다.

22

국가를 해치지 않는 것은 국민도 해치지 않는다. 어떤 것에 피해의식을 느낄 때마다 이것이 국가를 해치는 것이 아니라면 나 역시 해를 입지 않는다는 이 원리를 생각하라. 그러나 만약 국가가 해를 입었다 하더라도 결코 그 해를 끼친 사람에게 화를 내지 말고, 어떤 생각이 그에게 그런 오류를 범하도록 인도했는가를 먼저 생각하라.

23

현재 존재하고 있는 것과 새로 생겨나는 것들이 얼마나 빠른 속도로 우리 곁을 스쳐 지나가다가 사라지는지를 한번 생각해 보라. 물질은 쉬지 않고 흘러가는 강물처럼 항상 변화하고 있으며, 여러 가지 원인은 갖가지 변화를 일으키기 때문에 그것이 우리 곁에 머무르는 시간은 그야말로 순간이다.

정지해 있는 것은 하나도 없다. 우리 바로 곁에는 과거와 미래의 무한한 심연이 입을 벌리고 있으며, 모든 것은 그 속으로 사라져 버린다. 이런 것들을 생각할 때 자신을 괴롭히는 시간이 영원히 계속될 것처럼 초조해하고 불평한다면 이 얼마나 어리석은 행동인가. 사물이 그대를 괴롭히는 시간은 단지 한순간에 지나지 않는다.

24

대자연을 상기해 보라. 그중에서 그대는 극히 작은 일부분을 차지하고 있다. 보편적인 시간을 생각해 보라. 그대에게 주어진 시간은 더 이상 쪼갤 수 없는 찰나에 불과하다. 운명에 의해 정해진 것들을 생각해 보라. 그대는 그 전체 중에서 아주 작은 조각 같은 존재라는 점을 생각해라.

25

만약 어떤 사람이 그대에게 피해를 주었다면 그것은 그 사람이 생각할 문제이다. 그 사람은 자기 나름대로의 취향을 갖고 있기 때문에 그의 행동은 그 자신의 것이다. 그대가 생각해야 할 것은 자연이 나에게 준 것을 받아들이고 있는가, 또 나는 본성이 원하는 대로 행동하고 있는가, 이것뿐이다.

26

그대를 지배하고 인도하는 영혼이, 그것이 고통이든 쾌락이든 육체의 감정에 의해 좌우되어서는 안 된다. 영혼은 한계를 정해서 자신의 고유한 영역 안에 있어야 하며, 감정 또한 자신의 영역을 지켜야 한다. 그러나 영혼을 혼란시키지 않는, 자연스럽게 생긴 감정이라면 굳이 배척하려고 하지 않아도 좋다. 단지 영혼이 그러한 감정을 선 또는 악이라고 평가하지는 못하게 하라.

27

신과 더불어 살라. 자신의 운명에 만족하고, 제우스 신께서 인간의 보호자요 지도자로서 선물해 주신 각자의 신성이 요구하는 대로 살고 있다는 것을 항상 신에게 내보이는 사람이야말로 신과 함께 사는 사람이다. 그대를 지배하고 인도하는 신성이란 바로 자신의 예지와 이성이다.

28

그대는 겨드랑이나 입에서 냄새가 나는 사람에게 화를 내는가? 그들에게 화를 내서 어떤 이익이 오는가? 그렇게 한다고 선천적으로 타고난 냄새를 없앨 수 있는 것도 아니지 않은가? 냄새를 풍기는 그 사람도 이성을 갖고 있으며, 자기 몸에서 나는 악취로 인해 다른 사람의 기분이 상한다는 사실을 알고 있다. 그렇다면 그 이상 무엇을 바라겠는가?

만약 이성으로 상대방의 결점을 고칠 수 있다면 조금도 망설이지 말고 그의 잘못을 지적하고 일깨워 주라. 다행스럽게도 그가 호의를 받아들여 자신의 결점을 고친다면 그것으로 좋다. 그러나 아무리 노력해도 고칠 수 없는 결점에 대해서는 화를 낼 필요가 없다.

29

그대는 자신의 생각대로 생활을 영위할 수 있다. 그러나 만약 다른 사람들이 그런 생활을 허용하지 않는다면 그 즉시 이 세상을 떠나라. 집에 불이 나면 당연히 밖으로 나와야 한다. 어떻게 밖으로 피하는 행동을 귀찮다고 생각할 수 있겠는가. 마찬가지로 이 세상을 떠나는 것은 그다지 대단한 일이 아니다.

그러나 나에게 떠나라고 강요하는 것이 없는 한 나는 이 세상에 남아 자유롭게 살아갈 수 있다. 어느 누구도 내가 선택하고 바라는 것을 방해하지는 못한다. 또 내가 선택한 일은 이성적이고 사회적인 본성에 맞는 바로 그것이다.

30

우주의 본성은 사회적인 것이다. 그래서 우주는 강자를 위해 약자를 만들었고 강자끼리는 서로 협조하도록 만들었다. 우주는 강자에게 질서 정연한 상하 관계와 협조 관계를 세워 놓았으며, 공평한 역할을 맡겨 놓았으며, 서로 조화를 이루도록 만물을 창조한 것이다.

31

그대는 지금까지 신들에 대해서 어떤 태도를 취해 왔는가? 또 부모나 형제, 자녀, 스승, 친구, 노예들을 어떻게 대해 왔는가? 혹시 심한 말이나 부당한 행동으로 남에게 피해를 준 적은 없는지 반성해 보라. 이제 자신의 생애가 모두 끝났다고 생각하고 부끄러운 일은 없었는지 지난날을 상기해 보라.

그대는 얼마나 많은 기쁨을 맛보았는가, 또 얼마나 많은 쾌락과 고통을 경멸했는가? 남들이 영광으로 생각하는 것들을 얼마나 무시했으며, 마음이 비뚤어진 사람을 얼마나 친절하게 대했는가를 생각해 보라.

32

어떻게 재주도 지식도 없는 영혼이 재주 있고 지혜로운 사람을 괴롭힐 수 있겠는가? 어떤 영혼이 재주와 지혜를 가지고 있는가? 그것은 시작과 종말을 알고 있는 영혼, 그리고 모든 실체에 일정한 주기에 따라 영원히 우주를 다스리는 이성을 가진 영혼이다.

33

머지않아 그대는 순식간에 한줌의 재로 변하고 단지 이름만 남게 된다. 그리고 오래지 않아 그 이름조차도 잊혀지게 된다. 이름은 다만 소리뿐이며 메아리에 불과하다. 살아 있는 동안에는 소중하게 여기는 것들도 결국은 덧없고 썩어 버리는 것들이다. 인생은 서로 물어뜯으며 장난치는 강아지나 웃다가도 금세 울어 버리는 어린아이와 같은 것이다. 또 성실, 정직, 친절, 진리는 광활한 대지를 버리고 올림포스 산으로 올라간다.

그렇다면 대체 무엇이 그대로 하여금 아직까지도 이 지상에서 머뭇거리게 하는가? 감각의 대상은 조그만 자극에도 동요되어 변하기 쉬우며, 감각 기관은 애매한 것이라서 쉽게 착각을 일으킨다. 영혼조차 혈액에서 생긴 증기에 지나지 않는다. 이와 같은 세상에서 명성이 진정한 가치를 지니고 있다고 생각하는가?

그것이 소멸이든 다른 세계로의 이주든 조용히 종말을 기다리라. 그리고 그때가 올 때까지 오직 유익한 것만을 생각하라. 신을 공경하고 찬양하며, 인간에게 선행을 베풀고 어떤 고통도 인내하는 생활을 실행해야 한다. 연약한 육체와 호흡의 한계를 벗어난 것은 그대의 것이 아니며, 그대의 능력을 뛰어넘은 것이라는 걸 명심하라.

34

항상 바른길을 가고, 바르게 생각하고, 바르게 행동한다면 마치 고요하게 흘러가는 물처럼 조용하고 행복하게 일생을 마칠 수 있을 것이다.

신과 인간의 영혼, 그리고 모든 이성적 존재의 영혼에는 두 가지 공통점이 있다. 즉 어떤 것에도 방해받지 않고 정의를 실천하는 데 전력을 다하는 특성과, 올바른 태도와 행동에 깃들여 있는 선으로 다른 모든 욕망을 억제할 수 있는 능력이 바로 그것이다.

35

만약 그것이 내 잘못이나 내 잘못의 결과가 아니라면, 그리고 사회의 이익을 해치는 것이 아니라면, 왜 그 일 때문에 괴로워하는가? 그리고 사회의 이익을 해치는 것은 무엇인가?

36

사물의 외관에 함부로 이끌리지 말라. 그러나 도움이 필요하다면 누구든지 받아들이는 대로 능력껏 도와주라. 만약 그들이 흥미없는 일에 낭비를 계속하고 있다 해도, 도와주면 해가 되지 않을까 생각하지 말라. 그것은 좋지 않은 습관이기 때문이다. 마치 노인이 아이들의 곁을 떠날 때 그중의 최고 연장자에게 그가 최고 연장자임을 잊지 말라고 타이르는 것처럼 그렇게 행동하라.

연단에 서서 열변을 토할 때, 그 연설의 궁극적인 목적을 잊지는 않고 있는가? 아니다. 알고 있지만 청중이 원하는 것과 내 생각이 다르기 때문에 말하지 못하는 것이다. 이때 청중들을 어리석다고 몰아붙인다고 해서 그대의 어리석은 행동이 정당화될 수 있는가?

37

나는 한때 운이 좋은 사람이었는데 지금은 그렇지가 않다. 행운의 여신은 매우 공평해서 스스로 선물을 받을 가치가 있는 사람에게만 선물을 한다. 그리고 그 선물이란 선한 성향, 선한 감정, 선한 행동인 것이다.

제 6권

1

우주의 실체는 온순하고 유연하다. 그리고 그것을 지배하는 이성은 악을 저지를 요인을 전혀 담고 있지 않다. 우주의 이성은 모든 것에 호의적이며 어떤 것에도 해를 끼치지 않는다. 우주의 이성에 따라 만물이 생성되고 완성된다.

2

만약 당신이 자신의 의무를 다하고 있다면 춥든 덥든, 피로하든 휴식을 취한 후의 상쾌한 기분이든, 비난을 받든 칭찬을 받든, 죽음이 다가와 있든 다른 일을 하고 있든 개의치 말라. 이 모든 것은 인생의 과정이며 죽음조차도 삶의 한 과정이기 때문이다. 당신이 지금 하고 있는 일, 눈앞에 닥친 일을 잘 처리하면 그것으로 충분하다.

3

사물의 내면을 잘 관찰하라. 어떠한 것이든 눈에 보이는 모습에 이끌려 그것의 특성과 가치를 간과하는 일이 없도록 주의하라.

4

지금 존재하고 있는 모든 것은 매우 빠르게 변화하며, 만약 모든 실체가 정말로 하나라면 곧 증기로 환원되거나 분산되어 사라질 것이다.

5

이 우주를 지배하는 이성은 자기 자신의 성질을 알고 있으며 자기가하는 일 등 모든 본질을 완전히 파악하고 있다.

6

최선의 복수는 악행을 범한 사람과 같은 사람이 되지 않는 것이다.

7

언제나 신을 생각하고, 끊임없이 사회에 공헌하는 일을 하는 데서 즐거움과 휴식을 찾으라.

8

지배적인 이성은 자기 자신을 각성시키고 그대가 가야 할 방향을 제시해 준다. 그것은 바라는 모습대로 자기 자신을 형성할 수 있으며, 세상에서 일어나는 모든 일을 자신에게 유리하게 이용할 수 있다.

9

모든 사물은 우주의 본성에 따라 이루어진다. 왜냐하면 그것들의 외면과 내면을 지배하고 있는 것이 우주의 본성이며, 이 본성에 포함돼 있는 자연이나 독립돼 있는 자연 등 그 사물 자체도 우주의 일부분이기 때문이다.

10

우주는 무질서하게 흩어져 있는 사물의 집합체이거나, 아니면 질서와 섭리가 작용하는 통일체이다. 만약 이 세계가 전자의 경우라면 나는 무엇 때문에 사물의 우연한 결합과 무질서한 혼란의 세계 속에 머물러 있는 것일까? 그리고 어째서 결국 흙으로 돌아갈 것들에 대해 그토록 애태우고 불안해 한단 말인가. 이같은 혼돈의 세계 속에서 나의 의지가 통하지 않을 것은 명백한 사실이다. 그러나 만약 이 세계가 후자의 경우라면 나는 우주의 질서와 섭리를 믿고 따르며 확고한 태도로 살아갈 것이다.

11

주위 환경으로 인해 자신도 모르게 마음이 혼란에 빠졌을 때는 재빨리 자제심을 발휘하여 필요 이상으로 당황하는 일이 없도록 하라. 그리고 그대의 능력을 넘어선 문제에 대해서는 더 이상 관심을 갖지 말라. 마음의 평온을 되찾음으로써 주위 환경과 원만하게 조화될 수 있을 것이다.

12

만약 계모와 생모가 함께 생존해 있다면, 그대는 본분을 다해 계모를 섬기겠지만 그래도 마음은 언제나 생모에게 기울어질 것이다. 지금 그대의 입장이 이와 비슷하다. 계모는 궁전 생활, 생모는 철학에 비교할 수 있는데 자주 철학으로 되돌아가서 휴식을 취하라. 그렇게 하면 지금 머물고 있는 궁전 생활이 훨씬 견디기 쉬워질 것이다.

13

식탁 위에 차려져 있는 훌륭한 음식을 보고 그것들이 물고기나 새, 소, 돼지 등의 시체라는 것을 알 수 있을 것이다. 팔레르니우스(Palernius) 산 포도주는 포도가 발효된 즙이며, 그대가 입고 있는 자줏빛 옷은 조개를 염료로 사용하여 양털을 물들인 것에 불과하다는 인상을 받는다. 그리고 성교는 성기와 성기의 마찰, 일종의 경련에 수반된 점액의 배출일 뿐이다. 이와 같이 사물을 대할 때마다 핵심에 침투하여 그 사물의 본질을 통찰하라.

이 세상 모든 것에도 위의 방법을 적용하라. 가장 찬양할 만한 것으로 보이는 사물에 대해서도 일단 그것을 적나라하게 관찰한 다음 그 무가치함을 깨달아 실체를 파악하라. 왜냐하면 겉모습이야말로 가장 이성을 교란시키는 것이기 때문이다. 따라서 당신이 지금 매우 가치 있는 일을 하고 있다고 확신할 때 가장 속임수에 걸려들기 쉽다. 항상 그리스 견유학파의 철학자 크라테스(Crates)가 플라톤의 제자인 크세노크라테스(Xenocrates)에게 한 말을 생각하라.

14

많은 사람이 관심을 갖는 사물의 대부분은 가장 일반적인 것으로, 자연적인 조직력으로 결합되어 있거나 단순한 하나의 물체이다. 예를 들면 돌이나 나무, 무화과, 포도, 올리브 등이다. 그러나 좀더 이성적인 사람들이 찬양하는 것은 소떼나 양떼처럼 움직일 수 있는 생명체이다. 그리고 이들보다 더욱 지적인 사람들은 영혼과 그것의 능력에 관심을 갖는다. 그러나 그들이 찬양하는 영혼도 보편적인 이성의 일부로서의 영혼이 아니다. 그들은 단지 어떤 기술에 정통하다든가 그밖의 재능을 갖고 있는 영혼, 또는 많은 노예나 재산을 소유한 영혼에게 관심을 가질 뿐이다.

그러나 이성적이고 보편적이며 사회 생활에 적합한 영혼을 존중하는 사람들도 있다. 그들은 자기 영혼을 순화시키고, 영혼의 모든 활동이 도의에 어긋나지 않도록 유의하며, 사회에 공헌할 수 있도록 노력하는 일 이외에는 신경을 쓰지 않는다. 그리고 이 목적을 달성하기 위해 사람들끼리 협력한다.

15

한쪽에서는 바쁘게 생성되고 다른 쪽에서는 서둘러 사멸된다. 심지어 새로 생겨난 것조차도 이미 부분적으로는 사멸하고 있다. 끊임없는 시간의 흐름이 영원한 시간을 언제나 새롭게 하는 것처럼, 쉴새없는 변화가 이 세계를 계속해서 새롭게 한다.

그렇다면 모든 것을 휩쓸고 지나가는 이 흐름 속에서 특별히 가치 있는 것이 있을까? 그것은 마치 날아가는 새를, 그러나 순식간에 시야에서 벗어난 새를 사랑하는 것과 마찬가지이다. 인생이란 결국 죽을 때까지 되풀이하는 공기의 흡입과 혈액의 순환과 비슷한 것이다. 어제도, 아니 태어나는 그 순간부터 공기를 들이마시고 내뱉았으며 그것은 앞으로도 계속될 것이다. 또 숨쉬고, 혈액이 신체의 각 부위로 순환하는 그 순간마다 조금씩 변할 것이며 언젠가는 공기 혹은 흙으로 사라져 버릴 것이다.

16

식물처럼 호흡하거나, 가축 혹은 들짐승처럼 호흡하는 것은 가치 있는 것이 아니다. 감각을 통해 느끼는 감정이나, 욕망에 이끌려 행동하는 것이나, 소나 말처럼 떼를 지어 모여들거나, 음식물의 소화 작용 등도 진정한 가치를 지니고 있지 않다. 이 모든 것들은 마치 음식물의 찌꺼기를 배설하는 행위와 다를 것이 없다. 그렇다면 과연 가치 있는 것은 무엇인가? 박수갈채와 찬사인가? 그렇지 않다. 사람들의 찬사란 혀끝에서 나오는 것이므로 그것을 소중하다고 생각해서는 안 된다. 당신이 세상 외 명예를 덧없는 것이라고 생각한다면 무엇이 가치 있는 것으로 남는가? 나는 자신의 본성에 따라 생각하고 행동하는 것만이 참된 가치를 지닌 것이라고 생각한다. 모든 기술의 목표는 만들어진 여러 가지 물건이 제 기능을 발휘할 수 있도록 하는 데 있다. 포도나무를 재배하는 사람이나, 말이나 개를 훈련시키는 조련사도 이러한 목적을 추구한다. 사람을 교육시키는 것도 이와 같은 목적을 갖고 있다. 모든 훈련의 목적이자 교육의 목적인 바로 이것이 본성에 어긋나지 않는다면 이야말로 진정한 가치를 지닌 것이다. 만약 이것을 진실로 자신의 것으로 받아들인다면 당신은 앞에서 말한 이외의 것은 추구하지 않을 것이다.

참된 본성에 힘입어 마음속에 깃들여 있는 쓸데없는 야망을 모조리 던져 버리도록 하라. 자신의 본성보다 보잘것없는 것을 소중히 여기는 사람은 자유롭지도 않고, 행복할 수도 없으며, 고뇌에서 벗어나지도 못할 것이다. 그러한 사람은 다른 사람을 부러워하고 질투하며 의심한다. 왜냐하면 그는 상대방이 자기보다 훨씬 부유하다거나, 지위가 높다거나 하지 않을까, 혹은 당신이 소중하게 생각하는 것을 가로채지는 않을까 두려워하기 때문이다. 자연히 그는 혼란에 빠질 것이며 종종 신을 비난할 것이 틀림없다. 그러나 본성을 존중하는 사람은 자기 생활에 만족하고 신과 조화를 이뤄 항상 마음의 평화를 유지할 수 있다.

17

원소는 위로, 아래로, 또는 원을 그리면서 운동한다. 그러나 덕(德)의 운동은 이와 다르다. 덕은 보다 신성한 것이며, 보이지 않는 길을 통하여 조용히 행복한 길을 걸어간다.

18

인간은 얼마나 이상한 행동을 하는가! 그들은 바로 자신과 같은 시대를 살고 있는 이웃 사람들을 칭찬하고 격려하려고 하지 않는다. 오히려 일찍이 본 적도 없으며 앞으로도 볼 수 없는 후세 사람들에게 칭찬받는 것을 매우 중요하게 생각한다. 그것은 마치 자신을 알지도 못하는 전 시대에 살던 사람들로부터 칭찬을 받지 못한다고 한탄하는 것과 마찬가지이다.

19

자신이 하기 어려운 일이라고 해서 다른 사람에게도 불가능한 일이라고 속단하지 말라. 반대로 다른 사람들이 손쉽게 처리하는 일이라고 해서 자신도 해낼 수 있다고 단정하지 말라.

20

운동 경기 도중에 가끔 상대방의 손톱에 긁히기도 하고 머리를 부딪혀 상처를 입기도 한다. 그러나 우리는 상대방에게 화를 내거나 항의하지 않으며, 그에게 악의가 있다고 의심하지도 않는다. 하지만 우리는 상대방을 경계해야 한다. 그를 원수로 생각하거나 의심해서가 아니라 단지 뜻밖의 피해를 당하지 않기 위해 살짝 상대방의 공격을 피하는 것이다. 인생의 다른 경우에서도 이와 같이 행동하는 것이 좋다. 즉 의심이나 미움 없이 모든 것을 조용히 피해야 한다.

21

만약 누군가가 나의 생각이나 행동의 잘못된 점을 지적하고 납득시켜 준다면 나는 기꺼이 충고를 받아들여 잘못을 시정할 것이다. 왜냐하면 나는 오직 진리만을 추구하고 있으며, 진리로 인해 해를 입을 사람도 없기 때문이다. 그리고 다른 사람에게 해를 끼치는 것은 자기 오류와 무지를 고집하는 태도이기 때문이다.

22

나는 최선을 다해 나의 의무를 수행하고자 한다. 그밖의 일로 나의 마음을 어지럽히는 경우는 없다. 그밖의 일은 이성에 어긋날 뿐만 아니라, 나를 방황하게 하여 올바른 길을 찾지 못하게 하기 때문이다.

23

이성이 없는 동물이나 다른 모든 일반적인 사물에 대해서는 아량과 너그러운 태도로 대하라. 그대에게는 이성이 있지만 그들에게는 없기 때문이다. 그러나 이성이 있는 인간에게는 친밀한 동지처럼 행동하라. 그리고 언제 어디서나 신의 뜻에 따르고, 그의 도움을 청하라. 그러나 신에게 도움을 청하는 데 소요되는 시간에 대해서는 걱정하지 말라. 어떤 경우이든 단 세 시간이면 충분하다.

24

마케도니아의 알렉산더 대왕이나 그의 마부도 죽은 후에는 같은 신세가 되었다. 그들은 우주의 동일한 생성 원리에 귀속되었거나, 동일한 원자로 분해되었기 때문이다.

25

똑같은 순간에 육체와 마음에 얼마나 많은 일이 일어나는가를 생각해 보라. 그러면 더 많은 사물이 하나이면서 전체, 즉 우리가 우주라고 부르는 것 속에 동시에 존재하더라도 그리 놀라지는 않을 것이다.

26

만약 어떤 사람이 안토니누스(Antoninus)라는 이름을 어떻게 쓰느냐고 묻는다면, 퉁명스럽게 그 철자를 가르쳐 줄 것인가? 상대방이 불친절한 태도에 화를 낸다면 덩달아서 화를 내겠는가? 아니면 친절하게 한 자씩 빠짐없이 대답해 주겠는가?

이 세상의 모든 일도 이와 같이 구성되어 있다. 인간의 모든 임무는 각 단계별로 구분되어 있으며 그것은 또 일정한 부분으로 구성되어 있다. 그러므로 각각의 단계마다 세심한 주의를 기울이는 것이 당신의 의무이다. 아무것도 아닌 일로 화를 내서 상대방을 불쾌하게 만들 필요는 없다. 단지 주어진 일을 완수하는 데 전념하면 된다.

27

우리 인간의 본성에 맞고 유익하다고 생각되는 것을 추구하는 권리를 강제로 박탈한다면, 이 얼마나 잔인한 일인가! 그러나 어떤 사람이 잘못을 저질렀다 해서 그에게 화를 내고 비난한다면 어떤 의미에서는 그러한 행동이 위와 같이 추구할 권리를 박탈한 것이 된다. 결과는 어찌됐건 그들은 자신의 본성에 맞고 이익이 된다고 믿었기 때문에 그러한 행동을 한 것이다. 그래도 그들을 비난할 것인가! 옳지 않은 행동이다. 화를 내고 비난하기보다는 그들의 잘못을 지적하고 스스로 시정할 수 있게 타당한 이유를 설명해 주도록 하라.

28

죽음이란 감각을 통해 받아들이는 인상, 욕망을 일으키는 충동, 그리고 정신 활동이나 육체에 대한 봉사가 정지된 상태를 말한다.

29

육체는 아직 굴복하지 않고 참는데, 영혼이 먼저 굴복한다는 것은 매우 수치스러운 일이다.

30

많은 부하를 거느린 황제일지라도 허세를 부리거나 권위를 세우는 데 지나치게 연연해하지 말라. 그 가능성은 항상 우리 주위를 맴돌고 있기 때문에 하는 말이다. 허세를 버리고, 언제나 소박하고 선량하며, 순수하고 신중한 인간이 되라. 정의를 사랑하고 신을 공경하며, 친절과 관대한 마음으로, 그러나 자기의 의무만은 과감히 수행하는 인간이 되라. 철학을 통해 배운 인간성에 도달하기 위해 계속 노력하라. 신을 섬기고 인간을 도우라. 인생은 짧다. 이 지상에서 맺을 수 있는 유일한 열매는 경건한 태도와 사회의 공익을 우선으로 여기는 행동뿐이다.

언제나 안토니누스(Antoninus : 아우렐리우스의 양아버지인 안토니누스 피우스를 가리킴)의 제자답게 모든 일을 피하려 하지 말고, 그를 본받아서 처리하라. 결코 이성에 어긋나는 일은 하지 않으려던 시종일관한 지조, 모든 일에 대한 공평함, 사물에 대한 경건함, 온화한 표정, 헛된 명예에 대한 경멸, 사물을 정확하게 이해하려던 노력을 항상 기억하라. 그는 모든 사물을 명확하게 이해할 때까지 결코 중도에서 포기하는 일이 없었으며, 부당하게 자신을 비난하는 사람들에게 반박하지 않고 언제나 친절했다. 서두르지 않았으며 남들의 모함에 귀기울이지 않았다. 사람을 평가하는 능력이 매우 뛰어났지만 결코 편견을 갖고 남들을 대한 적은 없었다. 소심하지도 않았으며, 남을 의심하거나 비판하지도 않았다. 또한 집, 침대, 옷, 음식, 노예 등도 최소한의 것으로 만족했으며 매우 근면하고 인내심이 강했다. 간소한 음식으로 아침부터 밤까지 견뎠으며, 때로는 화장실에 가는 시간까지 아껴 일했으며, 우정은 견실하고 변함이 없었다. 의견에 반대하는 사람에게도 언론의 자유를 주었으며, 누군가 좋은 의견을 내놓았을 때는 매우 기뻐했다. 항상 신을 공경하며, 종교적이어서 미신에 빠지지 않았다. 이 모든 것을 기억하라. 그리고 죽음의 순간이 다가왔을 때 의연하고 평안한 태도를 보여준 그를 기억하고 본받도록 하라.

31

건전한 정신으로 되돌아가 진실한 자신의 모습을 살펴보라. 그리고 잠에서 깨어나 당신을 괴롭히던 것들이 단지 꿈에 불과했다는 것을, 지금 당신 주위에 있는 사물 역시 꿈에 지나지 않는다는 사실을 깨달아야 한다.

32

나는 작은 육체와 깨끗한 영혼으로 구성되어 있다. 이 조그마한 육체는 사물의 가치를 분별할 수 없으므로 모든 것에 차별이 없다. 그러나 영혼은 사물의 차이를 분별할 수 있는 유일한 것이며 모든 것은 영혼의 지배 아래 있다. 그렇지만 이 영혼은 오직 현재에 관한 것에만 관련이 있다. 과거나 미래의 일은 영혼의 활동과는 관계가 없기 때문이다.

33

발이 해야 할 일을 발이 하고 손이 해야 할 일을 손이 하는 한, 손과 발의 노동은 자연에 어긋나지 않는다. 이와 마찬가지로 인간이 자기 본분을 다하는 이상 그의 노동은 자연에 어긋날 수 없으며, 그렇다면 그 일은 악이 아니다.

34

강도나 부친 시해자, 폭군들은 얼마나 비상한 쾌감을 느끼기에 그처럼 엄청난 짓을 저지르는가!

35

대부분의 기술자들은 어느 정도까지는 기술이 서툰 자와 보조를 맞추기도 한다. 그러면서도 자신들이 세워 놓은 기술의 원리를 고수하고 그것에서 어긋나는 것을 용납하지 않는다. 그런데도 건축 기사나 의사가 신이 인간에게 나누어 준 이성보다 자신의 기술을 더 존중하고 믿는다면 참으로 안타까운 일이 아닐 수 없다.

36

아시아도 유럽도 우주의 한구석에 지나지 않는다. 지구를 둘러싼 바다를 모두 합쳐도 우주에서는 한 방울의 물에 불과하다. 마케도니아에 있는 험준한 아토스(Athos) 산도 지구의 조그마한 흙더미이며, 아무리 긴 시간도 영원에 비하면 한순간일 뿐이다. 모든 것이 보잘것없고 변하기 쉬우며 소멸되어 간다. 모든 것은 우주의 보편적인 지배력으로부터 직접 또는 간접적으로 생성된다.

사자의 쩍 벌어진 입이나 치명적인 독약, 가시나 진흙처럼 해를 끼칠 수 있는 것들도 장엄하고 아름다운 것의 파생물이다. 그러므로 이러한 것들을 당신이 소중히 여기는 것들과 다른 종류라고 생각하지 말고 만물의 근원에 대해 올바른 견해를 가져라.

37

지금 존재하는 사물을 보는 것은 아득히 먼 옛날에 있었던 모든 것, 그리고 영원히 존재하게 될 모든 것들을 본 것과 같다. 왜냐하면 만물은 본질적으로 같은 종류이며, 동등한 원리의 지배를 받기 때문이다.

38

때때로 우주 안에 있는 만물의 유대 관계와 상호 관계에 대해 생각해 보라. 어떤 의미에서 만물은 마치 옷감을 구성하고 있는 실처럼 서로 밀접하게 결합되어 있다. 왜냐하면 만물은 활발한 운동과 팽창 및 수축 작용에 의해 질서 정연하게 연속되기 때문이다.

39

운명이 그대 몫으로 부여한 환경에 적응하라. 그리고 그대의 동료로서 운명적으로 정해진 이웃 사람들을 진심으로 사랑하라.

40

모든 도구나 연장, 그릇이 각기 만들어진 용도에 따라 역할을 다한다면, 그걸로 충분하다. 그것을 만든 사람들은 이미 그 속에 존재하고 있지 않다. 그러나 자연에 의해 만들어진 사물에는 그것을 만들어 낸 힘이 내재하여 줄곧 그 속에 머물러 있다. 그 힘을 존중하고 그 의도에 따라 행동하라. 그렇게 하면 그대에게 속한 모든 사물이 그대의 이성을 따르게 된다. 그것이 바로 우주의 법칙에 따라 인생을 살아나가는 방법이다.

41

자신의 능력 밖에 있는 사물에 대하여 선이다, 혹은 악이다 판단하지 말라. 만약 계속 그러한 판단을 내린다면 선이라고 생각하는 것이 사라지거나 악이라고 생각하는 것이 다가올 때마다 반드시 신을 원망하고, 그 불행이나 실패에 책임이 있다고 생각되는 사람들을 증오하고 미워할 것이다.

우리는 이와 같이 습관적으로 사물을 구분하기 때문에 많은 오류를 범하고 있다. 그러나 우리의 권한에 속한 사물에 대해서만 선악의 판단을 내린다면, 신을 원망하거나 사람들을 적대시할 이유가 없어진다.

42

인간은 오직 한 가지 목적을 이루기 위하여 일하고 있다. 어떤 사람들은 그 목적을 의식하면서 의도적으로 일하는가 하면, 어떤 사람들은 자신이 하는 일이 무엇인지도 모르면서 일하고 있다.

헤라클레이토스(Heracleitos)는 "잠자는 사람도 일하고 있으며 우주에서 일어나는 일에 협력하고 있다."라고 말한 바 있다. 이처럼 사람은 잠들어 있을 때도 일하고 있는 것이다. 사람들은 제각기 다른 방법으로 협력하고 있다. 심지어 세상에서 일어나는 일을 비난하는 사람, 반대하는 사람, 방해하려고 애쓰는 사람들조차도 이 목적을 달성하기 위해 훌륭하게 협력하고 있다. 왜냐하면 우주는 그러한 사람들까지도 협력자로서 필요로 하기 때문이다. 그러므로 이제 인식해야 할 것은 자신이 어떤 종류의 협력자 측에 끼여 있는가 하는 점이다. 물론 우주의 지배자는 어떤 종류의 일꾼이든지 그대를 협력자의 한 사람으로서, 또 그 유일한 목적을 달성하는 데 이바지하는 자로서 받아들일 것이다. 그러나 단 한 가지, 크리시푸스(Chrysippus :기원전 280년경의 스토아 학파 철학자)의 말대로 '극중에서 천하고 비열한 어릿광대'의 역할은 맡지 않도록 주의하라.

43

태양이 비의 역할을 할 수 있는가? 또 의술의 신인 아에스쿨라피우스가 열매를 맺게 하는 대지의 역할〔여기서는 농업의 여신인 데미테르(Demiteer)를 가리킴〕을 할 수 있는가? 수많은 별들은 어떠한가? 비록 그들의 역할은 각기 다르지만 한 가지 목적을 위하여 서로 협력하고 있다.

44

만약 신들이 나에 대해, 그리고 나에게 반드시 일어날 일에 대해 어떤 결정을 내렸다면, 그것은 반드시 현명한 것이리라. 우둔한 신이란 상상조차 할 수 없으니까 말이다. 그러나 신이 나에게 해로운 결정을 내렸다면, 무엇 때문에 그런 일이 일어나도록 했겠는가? 나를 해친다고 해서 신들에게 어떤 이익이 생기는가? 만약 신들이 인간 개인에 대해 서로 의논하지는 않았다 하더라도 우주 전체에 대해서는 분명히 어떤 결정을 했을 것이다. 그러므로 이러한 일반적인 예정에 따라 일어나는 일을 나는 기쁜 마음으로 받아들이고 만족한다.

그러나 만약 신들이 아무 것도 결정한 일이 없다면—이러한 생각조차도 사악한 일이지만—우리는 그들에게 제물을 바치거나 기도하거나 신의 이름으로 맹세할 필요도 없다. 이 모든 일들은 신들이 지금 살아 우리와 함께 있다고 믿기 때문에 행하는 것이다.

신들이 우리의 운명에 아무 관심이 없어 개개인의 역할에 특별한 결정을 내리지 않았다면, 나는 나 자신에 대하여 스스로 결정할 수 있으며 나에게 유익한 것을 추구할 수 있다. 자기 자신의 본성을 따르는 것은 모두 인간에게 유익한 것이다. 그런데 나의 본성은 이성적이며 사회적이다. 그리고 내가 안토니누스인 이상 나의 국가와 도시는 로마이므로 이 도시에 유익한 것이 나 자신을 위해서도 이익이 된다.

45

각 개인에게 일어나는 일은 모두 우주를 위한 일이다. 그것으로 충분하다. 유의해서 살펴보면, 어떤 사람에게 유익한 것은 다른 사람들에게도 유익하다는 보편적인 진리를 깨닫게 될 것이다. 그런데 여기서 말하는 유익하다는 의미는 선악을 가릴 수 없는 사물, 즉 도덕적인 것과는 무관한 사물까지 포함하는 넓은 의미를 지닌 말이다.

46

원형 극장이나 이와 비슷한 장소에서 공연하는 것은 언제나 같은 내용만 보여주므로 관객들에게 단조롭고 지루한 느낌을 준다. 그래서 아마 곧 싫증을 느낄 것이다. 우리의 인생도 이와 마찬가지이다. 하늘을 보거나 땅을 보거나 언제나 동일한 것의 연속이다. 그것은 또 얼마나 오랫동안 계속되겠는가!

47

여러 민족에 속해 있으면서 갖가지 직업에 종사하던 수많은 사람들과, 온갖 종류의 욕망을 추구했던 수많은 나라들이 모두 이미 사라져 버렸다는 사실을 잠시도 잊어서는 안 된다.

필리스티온(Philistion), 포에비우스(Phoebius), 오리가니온(Origanion)도 이미 죽고 말았다. 이처럼 최근 사람들뿐만 아니라 수세기 전의 사람들도 생각해 보자. 위대한 웅변가와 많은 훌륭한 철학자, 즉 헤라클레이토스(Heracleitos), 피타고라스(Pythagoras), 소크라테스(Socrates), 또한 수많은 옛 영웅들, 장군들, 제왕들이 있다. 그리고 에우독수스(Eudoxus), 히파르쿠스(Hipparchus), 아르키메데스(Archimedes), 그밖의 훌륭한 천재와 대사상가, 노력가, 또 다재다능하고 자신에 넘치는 사람들, 인간의 덧없는 삶을 경멸했던 메니푸스(Menippus) 일파, 그들은 지금 모두 어디에 있는가? 그들도 다른 사람들과 마찬가지로 이미 오래 전에 땅 속에 묻혔다는 사실을 생각하라. 땅 속에 매장되었다는 것이 그 유명한 자들에게 나쁜 일인가, 아니면 이름조차 남기지 못한 사람들에게 나쁜 일인가?

이러한 가운데서도 오직 한 가지 가치 있는 것이 있다면, 진실하고 바르게 살아가는 것, 그리고 거짓말쟁이나 불성실한 사람에게도 관용을 베푸는 바로 그것이다.

48

진심으로 즐거운 마음을 가지고 싶다면 당신과 더불어 살아가는 사람들의 장점을 생각하라. 갑이라는 사람의 적극성, 을이라는 사람의 겸손, 병이라는 사람의 관용, 그리고 그밖의 사람들의 미덕과 장점을 생각하라. 좌절과 실의에 빠져 있을 때, 동료 인간의 풍부하고 다양한 미덕은 우리에게 커다란 위안이 된다. 그러므로 항상 가까이서 그 사람들의 미덕을 지켜볼 수 있는 시간을 갖도록 힘쓰라.

49

자신의 몸무게가 3백 파운드를 넘지 않는다고 불만스럽게 생각지는 않을 것이다. 그렇다면 부여된 수명을 연장할 수 없다고 해서 한탄할 필요는 없지 않은가. 왜냐하면 자신에게 허용된 몸무게에 만족하듯이 수명에 대해서도 만족해야 하기 때문이다.

50

우선 사람들을 설득해 보라. 비록 그들이 양해하지는 않더라도 정의의 원칙에 어긋나지 않는 일이라면 즉시 실행에 옮겨라. 만약 폭력 등을 사용하여 방해하려는 자가 있다면 망설이지 말고 조용히 물러나라. 이것은 시도를 포기하라는 것이 아니라, 잠시 동안 보류하라는 것이다. 그리고 그 장애물을 다른 미덕을 발휘하는 데 이용하라.

굳이 불가능한 일을 목표로 삼으려 하지 말고 단지 현재의 목표에서 벗어나지 않도록 노력하라. 이런 식으로 꾸준히 전진한다면 어느새 목표는 달성되어 있을 것이다.

51

지나치게 명예를 추구하는 사람은 다른 사람의 활동을 자신의 이익을 위해 이용하고, 쾌락을 즐기는 사람은 다른 사람의 행동을 자신의 감각을 위해 이용한다. 그러나 지각 있는 사람은 오직 자신의 행동만을 자신의 이익을 위해 이용한다.

52

어떤 사물에 대해 아무런 의견도 갖지 않는 것은 우리의 마음이다. 마음이 흔들리지 않는 것도 우리 마음이다. 왜냐하면 사물 자체는 판단을 요구하지도 않으며 우리가 판단하게 할 만한 자연적인 힘도 없기 때문이다.

53

다른 사람의 말을 조용히, 신중하게 듣는 습관을 기르도록 하라. 그리고 될 수 있는 대로 말하는 사람의 진심을 파악하고 동조하는 마음으로 경청하라.

54

벌집에 해로운 것은 벌에게도 좋지 않다.

55

선원이 선장을 모함하고, 환자가 의사를 불신하고 비난한다면, 그들은 도대체 어느 누구의 말을 들을 것인가? 그리고 선장과 의사를 제외한다면 어느 누가 선원들의 안전을 책임지고, 환자의 병을 치료해 줄 것인가?

56

나와 함께 이 세상에 태어난 사람들 중에서 얼마나 많은 사람들이 이미 저세상으로 떠난 것일까!

57

황달에 걸린 사람에게는 꿀이 쓰고, 미친개에게 물린 사람은 물을 두려워하고, 공은 어린아이에게 좋은 장난감이 된다. 그런데 나는 왜 화를 내는가! 혹시 사람들의 그릇된 사상이 황달에 걸린 환자의 담즙이나 미친개의 독보다 인간에게 미치는 해독이 미약하다고 생각하는가?

58

그 누구도 본성에 깃들인 이성에 따라 생활하는 것을 방해하지 못한다. 이와 마찬가지로 자연의 이성에 벗어나는 일은 결코 일어나지 않는다.

59

자신의 목적을 위해 열심히 남의 비위를 맞추는 사람은 어떤 종류의 사람들인가? 그들이 추구하는 것은 무엇인가? 시간은 얼마나 빨리 이 모든 것을 거두어들일 것인가! 그리고 시간은 이미 얼마나 빨리 지나가 버렸는가!

제7권

1

악이란 무엇인가? 지금까지 자주 보아온 것이다. 다른 모든 것과 마찬가지로 그것도 여러 번 되풀이하여 나타난다. 하늘과 땅 곳곳을 보아도 같은 것을 발견할 수 있다. 고대에서 지금까지의 역사에도 이 똑같은 것이 가득 채워져 있고, 현재에도 모든 나라와 각 가정에 가득 차 있다. 어느 곳에서도 새로운 것이란 발견할 수 없다. 이 세상 모든 것이 속절없이 진부한 것들이다. 이와 마찬가지로 악도 전혀 새롭거나 특별한 것이 아니다.

2

우주의 근본 원리는 결코 사멸되는 일이 없다. 이에 대응하는 최초의 인상(사상)이 사라지지 않는 이상 어떻게 소멸할 수 있단 말인가! 그러므로 그것을 끊임없이 새로운 불꽃으로 피어오르게 해야 된다. 물론 그대에게는 충분히 그럴 만한 능력이 있다.

그러나 아무리 노력을 해도 이해할 수 없는 사물이 있다면, 그것은 당신이 이해할 필요가 없기 때문에 그런 것이다. 그렇다면 무엇 때문에 그 원리를 거역하면서 스스로 자신의 마음을 혼란시키는가? 이러한 사실을 확실하게 자각하고 있다면, 언제 어디서나 의연하게 행동할 수 있다. 누구나 자신의 인생을 새롭게 할 힘을 갖고 있다. 사물을 보다 근본적인 관점에서 보기만 하면 된다. 그렇게 함으로써 새로운 삶이 시작되는 것이다.

3

격식에 얽매인 화려한 행사, 무대 위의 연극, 떼를 지어 모여 있는 소나 양, 군인들의 전투 연습, 강아지에게 던져진 뼈, 연못의 물고기에게 던져진 빵부스러기, 근면한 개미와 무거운 짐, 겁먹은 생쥐의 도주, 실로 조종되는 인형—이러한 하찮은 것들에 둘러싸여 오만하게 행동하지 말고 관대한 태도를 취하라. 그것이 바로 인간의 의무이다. 그리고 인간의 가치란 그가 열심히 추구하는 대상에 따라 결정된다는 사실을 명심하라.

4

여럿이 모여 토론할 때는 하찮은 제안에도 귀를 기울이고, 행동할 때는 자신이 무엇을 하고 있는지 알고 있어야 한다. 그리고 토론할 때는 요점이 무엇인지 정확하게 파악해야 하며 행동할 때는 그 행동이 지향하는 목표가 무엇인지 잊지 말아야 한다.

5

나는 지금 내가 하려는 일을 완수할 충분한 능력이 있는가? 만약 충분하다면 자연이 베풀어 준 이해력을 이용하여 우선 내가 하려는 일을 정확하게 분석할 것이다. 그러나 나에게 그 일을 할 능력이 없다면 기꺼이 보다 유능한 사람에게 그 일을 양보하겠다. 그러나 그것마저 여의찮으면, 그 일에 매우 정통한 사람의 도움을 얻어 일반적인 기준을 이탈하지 않는 범위에서 최선을 다해 처리하겠다. 나의 임무를 혼자서 완수하든 다른 사람의 도움을 받아 처리하든 그것은 우선 전체적인 조화가 이루어져야 하며 사회에 유익하고 적절한 것이어야만 한다.

6

얼마나 많은 사람들이 찬양과 선망의 대상으로 군림하다가 결국은 망각 속으로 사라져 버렸는가. 그리고 또 얼마나 많은 사람들이 남의 명성을 찬양하다가 덧없이 이 세상을 떠나 버렸는가.

7

남에게 도움 받는 것을 부끄럽게 생각지 말라. 어떤 도시를 공격하는 병사처럼 주어진 명령을 따르는 것이 그대의 의무이다. 만약 부상 때문에 혼자서는 도저히 성벽을 올라갈 수 없지만, 동료의 도움을 받을 경우 그것이 가능하다면 어떻게 하겠는가.

8

미래의 일로 걱정하고 마음을 어지럽히지 말라. 미래가 현재가 될 때, 지금 눈앞에 닥친 일을 처리하는 바로 그 이성으로 미래의 일도 훌륭하게 처리해 낼 수 있다.

9

만물은 서로 관련되어 있으며, 그 유대는 신성하다. 이 세상에 다른 사물과 관계가 없는 것은 하나도 없다. 모든 사물은 동등하며, 서로 밀접하게 결합되어 질서 있는 우주를 형성한다.

만물로 이루어진 우주는 하나이며, 만물을 지배하는 신도 하나이며, 실체도 하나요, 법칙도 하나이다. 그리고 예지를 지닌 동물의 이성도 하나이며, 그 진리 또한 하나이다. 왜냐하면 동등한 존재가 동일한 이성을 갖고 있다면, 거기에서 생겨난 진리 역시 동등할 수밖에 없기 때문이다.

10

모든 물질적인 것은 순식간에 만유(萬有)의 실체 속으로 사라져 버린나. 그리고 원인이 되는 모든 것은 우주의 이성으로 되돌아가며, 사물의 모든 기억은 곧 시간의 무한한 심연 속에 파묻혀 버린다.

11

이성적 동물에게는, 동일한 행위가 자연에도 일치하고 이성에도 일치한다.

12

의연한 모습으로 똑바로 서라. 혼자서 설 수 없다면 남의 힘을 빌려서라도 똑바로 서야 한다.

13

신체의 각 부분이 밀접하게 연결되어 하나의 육신을 형성하듯이 각기 다른 개성을 갖고 있는 이성적 존재인 인간도 서로 협력하도록 만들어진 것이다. 이러한 사실을 깨닫고 자기 자신에게 '나는 전체의 이성적 존재에 예속된 팔이나 다리와 같은 한 부분이다.'라고 말한다면 이러한 관계는 더욱 분명하게 인식될 것이다. 그러나 자신을 전체와 동떨어진 부분이라고 생각한다면 당신은 아직 진심으로 사람을 사랑하지 못하고 있다. 그 때문에 남에게 베푸는 선행도 그대에게 큰 기쁨을 주지 못한다. 그 선행은 형식적인 것이며 자신의 본성에서 우러난 것이 아니기 때문이다. 이처럼 본성에 어긋나는 것이 참된 만족을 주는 경우는 없다.

14

외부에서 어떤 일이 일어나든 그 영향을 느낄 수 있는 부분, 즉 육체도 그 자극을 받을 수 있도록 하라. 자극을 받는 이 부분들은 그들이 원한다면 불평을 할 수 있기 때문이다. 그러나 자기에게 일어난 일을 자신의 본성이 악이라고 생각하지 않는다면 그 때문에 어떠한 해도 입지 않는다. 그리고 나에게는 그것이 악이라고 생각하지 않을 자유가 있다.

15

누가 무슨 말을 하든, 또는 무엇을 하든, 나는 변함없이 올바른 태도를 유지해야 한다. 이것은 마치 금이나 에메랄드, 자수정 등이 사람들의 비난이나 평가에 상관 없이 보석으로서의 가치나 빛깔이 조금도 손상되지 않는 것과 같다.

16

　지배적인 이성은 결코 자기 자신을 괴롭히지 않는다. 즉 공포와 욕망에 동요되는 법이 없다. 만약 누군가가 이성을 협박하거나 괴롭힐 수 있다고 장담한다면 마음대로 해보라고 내버려 두라. 이성은 스스로의 능력으로 이러한 상태에 빠지지 않을 것이기 때문이다.

　반면에 육체는 가능한 한 손상되지 않도록 스스로 조심하고 만약 고통을 받았다면 그것을 표현하도록 하라. 우리의 육체는 매우 쉽게 상처받을 수 있기 때문이다. 그러나 영혼 자체는 두려움이나 고통이 상상에 불과하다는 사실을 알고 있을 뿐만 아니라, 그러한 것에 대하여 관념을 형성하는 힘을 지니고 있기 때문에 아무런 해도 받지 않는다. 그리고 영혼은 아무리 심한 협박을 받더라도 잘못된 판단을 내리지 않는다. 이성은 스스로 결함을 만들어 내지 않는 한 아무것도 필요로 하지 않는다. 따라서 영혼은 스스로 자신을 괴롭히거나 방해하는 경우가 아니라면 그 무엇에도 당황하거나 상처입는 법이 없다.

17

　행복이란 선한 신성이나 지배적 이성의 산물이다. 그런데 그릇된 망상이여, 그대는 여기에서 무엇을 하고 있는가? 신의 이름으로 말하노니 처음 그대가 살던 그곳으로 돌아가라. 나에게는 그대가 필요하지 않다. 그대를 이곳에 데려온 것이 오랜 습관임을 알고 있다. 나는 그대에게 화를 내는 것은 아니다. 단지 빨리 떠나거라.

18

누가 변화를 두려워하는가? 변화 없이 무슨 일이 이루어질 수 있겠는가? 보편적인 이성에 대해 자연의 본성인 변화보다 더 친밀하고 적합한 것은 무엇인가? 만약 장작이 불덩어리로 변하지 않는다면 어떻게 목욕물을 데울 것이며, 음식이 변하지 않는다면 어떻게 영양을 흡수할 수 있겠는가? 이 외에도 변화의 과정을 거치지 않고도 유익한 것이 있는가 살펴보라. 당신이 변하는 것도 이와 마찬가지이다. 변화를 두려워하지 말라. 그것은 자연의 필연적인 과정이다.

19

모든 물체는 마치 세찬 급류에 휩쓸려 흘러가듯 우주의 실체에 실려 떠내려가고 있다. 육신의 각 부분이 밀접하게 연결되어 서로 협력하고 있는 것처럼, 인간은 각자의 본성에 따라 전체와 유기적으로 협력하면서 유대를 맺고 있다. 시간은 크리시푸스, 소크라테스, 에픽테토스 등과 같은 인물들을 얼마나 많이 그 심연 속에 묻어 버렸는가. 어떤 사람, 혹은 어떤 일과 관계를 맺어야 할 때는 언제나 이 사실을 상기하라.

20

내가 근심하는 것은 오직 한 가지뿐이다. 그것은 인간의 본성이 허용하지 않는 일을 이성이 바라지 않는 방향으로 하고 있는 것은 아닌가 하는 두려움이다.

21

머지않아 당신은 모든 일을 잊게 될 것이며, 모든 사람들 역시 당신을 잊어버릴 것이다.

22

잘못을 저지른 사람까지도 사랑할 수 있는 것이 인간의 특성이다. 그리고 이러한 경지에 도달하려면 다음의 생각을 주입시켜야 한다. 잘못을 저지른 사람 역시 나의 형제이며, 무지로 말미암아 본의 아니게 잘못을 저질렀을 뿐이며, 나와 마찬가지로 얼마 지나지 않아서 죽게 될 것이다. 그리고 무엇보다 그들은 나에게 해를 입히지 않았으며, 그들로 인해 나의 지배적 이성이 전보다 더 나빠지지는 않을 것이다. 이러한 사실을 깨달았을 때, 진심에서 우러난 애정으로 그들을 감싸줄 수 있을 것이다.

23

자연은 보편적인 물질을 사용하여 어떤 때는 말[馬]을 만들어 내고, 그후에는 그것을 해체하여 그 재료로 나무를 만들고, 다음에는 사람을, 그리고 계속해서 다른 것들을 만들어 낸다. 그리고 이렇게 만들어진 것들은 모두 잠시 동안만 존재할 뿐이다. 질그릇을 깨뜨리는 것은 그것을 만드는 것과 마찬가지로 별로 어려운 일이 아니다.

24

원한, 분노 등으로 일그러진 얼굴은 자연스러워 보이지 않는다. 자주 얼굴을 찡그리면 자신도 모르는 사이에 아름다움은 점점 사라지고, 결국은 완전히 소멸해 버려 다시 아름다움을 회복하기가 어려워진다. 이런 사실에서 얼굴을 찡그리는 것은 자연에 어긋난다는 결론을 내릴 수 있다. 우리가 자신의 잘못을 깨닫지 못한다면, 더 이상 살아야 할 이유가 없지 않은가!

25

우주를 지배하는 자연은 이 세계가 항상 싱싱함을 유지할 수 있도록 매순간마다 만물을 변화시킨다. 자연은 눈앞에 있는 모든 것을 순식간에 해체시켜 그것을 재료로 삼아 다른 사물을 만들고, 또 그것을 재료로 삼아 다른 것을 만들어 세계를 항상 새롭게 하고 있다.

26

어떤 사람이 그대에게 잘못을 저질렀을 때, 그 즉시 그가 선악에 대해 어떤 관념을 가졌기에 그런 잘못을 저질렀는지 생각해 보라. 그것을 이해하게 되면 그를 동정하게 되고, 놀라거나 화를 내지는 않을 것이다. 왜냐하면 그대도 그들이 저지른 일과 똑같은 것을 선이라고 생각하거나, 결과는 다를지라도 본질적으로는 같은 일을 선이라고 생각할 수 있기 때문이다. 그러므로 그들을 너그럽게 용서해 주어야 한다.

만약 그들의 행동이 선도 아니고 악도 아니라고 생각한다면, 잘못을 저지른 상대방을 관대하게 용서하기는 더욱 쉬울 것이다.

27

소유하고 있지 않은 것을 탐하지 말라. 그보다는 현재 갖고 있는 것을 소중히 여기고, 만약 이것마저 없었다면 그것을 얼마나 갈망했을까를 생각해 보라. 그러나 갖고 있는 것에 지나치게 집착하여 과대 평가한 나머지, 그것을 잃게 되었을 때 괴로워하는 일이 없도록 유의하라.

28

자기 자신으로 돌아가라. 그대를 지배하는 이성은 올바른 행동을 하고 마음의 평안을 얻으면 스스로 만족하는 본성을 지니고 있다.

29

쓸데없는 상상력을 버려라. 감정의 속박에서 벗어나라. 꼭두각시처럼 남의 조종을 받지 말라. 현재에 충실하라. 자신과 다른 사람에게 일어나는 일의 실체를 파악하라. 눈앞에 있는 모든 대상을 원인과 본질로 나누어 이해하라. 임종의 순간을 생각하라. 다른 사람이 범한 과오는 그것이 일어난 장소에 그대로 남겨두라.

30

대화를 할 때 상대방이 하는 말에 주의를 기울이라. 일과 그 일을 하는 사람을 충분히 이해하도록 하라.

31

선이니 악이니 하는 것에 관심을 갖지 말고, 소박과 겸손으로 자기 자신을 닦아라. 인류를 사랑하고 신에게 복종하라. 데모크리토스는 법칙이 만물을 지배한다고 말한 바 있는데, 이 사실만 명심하면 그것으로 충분하다.

32

죽음에 대하여

만약 이 세상에 원자만이 존재한다면 죽음은 흩어져 사라지는 것이며, 만약 이 세상이 통일체라면 그것은 소멸이나 변화일 뿐이다.

33

고통에 대하여

참기 어려운 고통은 정신을 잃게 한다. 그러나 오랫동안 지속되면 참을 만하다. 정신은 스스로를 지켜 평정을 유지하며, 고통 때문에 해를 입지 않는다. 그러나 고통으로 인해 상처를 입을 수 있는 부분(육체)이 고통을 느낀다면 일부러 그 아픔을 참아낼 필요는 없다.

34

명예에 대하여

명예를 추구하는 자의 마음을 살펴보라. 그들은 어떤 사람이며 무엇을 회피하며 추구하는 것은 무엇인지 관찰해 보라. 마치 모래더미 위에 다른 모래를 쏟으면 먼저 있던 모래가 가리어 보이지 않는 것처럼, 먼저 일어난 사건은 연달아 생기는 다른 일에 파묻혀 버린다는 사실을 잊지 말라.

35

위대한 지성을 가지고 모든 영원성을 사유했으며, 실체의 모든 보편성을 관조한 자가 인생을 가치 있는 것이라고 생각할 수 있을까? 그는 불가능한 일이라고 대답했다. 그렇다면 그런 사람은 인간이 죽음을 두려워해야 한다고 생각하는가? 물론 전혀 그렇게 생각지 않을 것이다.

—플라톤《국가》

36

좋은 일을 하고도 비난을 받는 것은 거룩한 일이다.

—안티스테네스(Antisthenes)

37

외면적으로는 정신의 명령을 좇아 온순하고 단정하고 침착하면서도 마음은 전혀 그렇지 못하다면, 당연히 부끄러움을 느껴야 한다.

38

사물 자체를 보고 화를 내는 것은 어리석은 짓이다. 아무리 화를 내도 사물은 당신이 화내는 것조차 알지 못한다.

—에우리피데스(Euripides)

39

불멸하는 신과 인간에게 기쁨을 주는 자가 되라.

40

인간은 마치 곡식이 잘 익으면 거둬들이는 것과 마찬가지이다. 한쪽에

선 새로운 생명이 태어나고 다른 쪽에선 이미 태어난 생명이 죽어간다.

—에우리피데스《휴푸시퓨레》

41

나와 나의 자손들이 신에게 버림을 받는다면, 거기에는 반드시 그럴 만한 이유가 있을 것이다.

—에우리피데스《안티오페》

42

신과 정의는 내 편이다.

—에우리피데스

43

다른 사람들의 슬픔이나 격렬한 감정에 휩쓸리지 말라.

44

그대에게 나는 다음과 같이 충고하고 싶소. 만약 생사에 대한 문제로 고심하는 사람이 선한 사람이라고 생각한다면, 그가 한 일이 선한 것인가 악한 것인가를 그가 한 행동으로만 판단하지 않는다면, 그대는 잘못 말하고 있는 것이오.

—플라톤《소크라테스의 변명》

45

아테네 사람들이여, 사실은 다음과 같습니다. 어떤 사람이 스스로 최선의 것이라는 생각에서 그 일을 맡았든, 아니면 지휘관의 명령을 받아 맡았든 간에, 그는 어떤 위험도 무릅쓰고 자신의 임무를 완수해야 합니다. 죽음이나 그밖의 압력에 공포를 느끼고 자신의 명예를 손상해서는 안 됩니다.

—플라톤《소크라테스의 변명》

46

그러나 나의 벗이여, 한번 신중히 생각해 보게. 고귀하고 선한 것이 자신과 다른 사람들을 위험에서 구출하는 것과 같은 수준의 문제인지를. 적어도 진실한 인간이라면 자신이 얼마나 오래 살 수 있는가,라는 문제에 집착해서는 안 되네.

"그 누구도 운명에서 벗어날 수는 없다."라는 여자들의 말대로 생사에 대한 문제는 신에게 맡겨 놓고, 앞으로 살아야 할 시간을 어떻게 하면 가장 훌륭하게 살 수 있는가를 생각해야 하지 않겠는가?

—플라톤《고르기아스》

47

마치 별들과 함께 움직이고 있는 것처럼 생각하면서 별들의 운행을 자세히 관찰해 보라. 그리고 원소들이 어떻게 변하고 있는지 살펴보라. 이러한 작업은 지상 생활의 더러움을 말끔히 씻어 준다.

48

플라톤은 참으로 훌륭한 말을 많이 했다. 인간에 대해서 논하려는 사람은 마치 높은 곳에서 그들을 굽어보듯이 지상의 여러 가지 사물을 바라보아야 한다.

전쟁, 평화를 위한 회합, 농경, 결혼, 이혼, 탄생, 죽음, 소란한 법정, 불모의 땅, 무수한 야만족, 축제, 장례식, 무질서한 시장 등 모든 혼란을 살펴보고, 서로 상반된 것들이 어떻게 조화를 이루며 움직이는지를 관찰해 보아야 한다.

49

과거를 돌아보라. 정치적 주권에 얼마나 많은 변화가 있었는가! 미래 또한 과거와 조금도 다를 것이 없다. 그러므로 미래의 일을 예견할 수 있다. 미래의 일도 분명 과거와 동일할 것이다. 왜냐하면 지금 일어나고 있는 일의 질서에서 이탈한다는 것은 불가능하기 때문이다. 따라서 인생을 40년 동안 관찰하든 1만 년 동안 관찰하든 마찬가지이다. 오래 산다고 해도 상상하지 못할 전혀 새로운 일은 일어나지 않는다.

50

에우리피데스는 "땅에서 자란 것은 땅으로, 하늘에서 생겨난 것은 하늘로 돌아간다."라고 했다. 이 말은 결합된 원자의 분해, 이와 동일한 무감각한 원소의 이산을 뜻한다.

51

사람들은 많은 음식과 술을 바치고 교묘한 주문을 외워 죽음이라는 운명의 흐름을 벗어나려고 노력한다.

—에우리피데스

하늘에서 보내 준 바람을 달갑게 받아들이고, 어떤 노고에도 불평해서는 안 된다.

52

자신의 적수를 쓰러뜨리는 데에는 뛰어난 재능이 있을지 모르지만 사회에 이바지하려는 정신이나 겸손은 부족하며, 모든 일에 대처하는 기본적인 훈련이 되어 있지 않을 뿐만 아니라, 이웃의 그릇된 견해에 관대하지 못한 사람이 있다.

53

신과 인간의 공통된 이성에 따라 일을 처리한다면, 아무것도 두려워할 것이 없다. 우리의 본성에 따라 공공의 이익에 이바지할 때, 거기에는 아무런 해도 있을 수 없기 때문이다.

54

언제 어디서나 할 수 있는 일은, 항상 경건한 마음으로 현재의 상태에 만족하고, 주위 사람들에게 친절을 베풀며, 신중히 검토하지 않고서는 어떤 것이든 마음속에 스며들지 못하도록 자신을 연마하는 일이다.

55

다른 사람들의 지배적 원리를 찾아내기 위해 두리번거리지 말고, 어떤 본성이 당신을 인도하는지에 모든 관심을 집중시켜라. 자연은 주위 환경을 통해서, 그리고 본성은 의무를 통해서 당신이 해야 할 일을 가르쳐 준다.

인간은 누구를 막론하고 자신의 본성에 맞는 행동을 해야 한다. 그리고 인간의 본성은 같은 형제끼리 서로 돕고 협력하도록 되어 있다. 그러나 그 이외의 다른 사물들은 모두 인간을 위해 봉사하도록 만들어졌으며, 그밖의 경우에도 약자는 언제나 강자를 위해 존재한다.

인간의 본성에서 으뜸가는 특성은 사회성이다. 둘째는, 육체를 사로잡는 유혹을 뿌리칠 수 있는 능력이다. 자신의 한계를 분명히 밝히고 감정이나 욕망에 압도되지 않는 것이야말로 이성이나 지성만이 갖는 독특한 능력이다. 육체의 욕망에 저항 없이 사로잡히는 것은 동물에게서 찾아볼 수 있다. 그러나 인간의 이성은 다른 어떤 것보다 우월하며, 부질없는 감정에 휩싸이는 것을 용납하지 않는다. 셋째는, 경솔하게 판단하지 않고 쉽사리 기만당하지 않는 능력이다. 인간의 본성은 거짓과 진실을 명확하게 구별하고, 남을 속이거나 속지 않는다. 그러므로 위의 세 가지 특성을 간직하면서 이성의 인도에 따라 똑바로 나아가라. 그것이야말로 걸어야 할 참된 길이다.

56

나는 이미 죽은 사람이라고, 나의 인생은 오늘로 끝났다고 생각하라. 그리고 앞으로의 생활은 신께서 특별히 베풀어 주신 덤이라 생각하고,

남은 생애를 자연에 따라 살아가라.

57

그대에게 일어나는 일, 운명의 신이 부여해 준 것을 사랑하라. 그것만이 가장 필요하고 어울리는 것이라고 생각하라.

58

어떤 난관에 부닥칠 때마다 같은 일을 당한 사람들을 생각해 보라. 그들은 얼마나 슬퍼하고 놀라고 당황하였는가. 그런데 그들은 지금 어디에 있는가? 어느 곳에서도 찾아볼 수 없다. 그런데도 그들과 같은 행동을 하려고 하는가? 차라리 그 일을 다른 유익한 것으로 바꾸려고 노력하든지, 아니면 그 일을 단념하고 돌아서라. 그렇게 하면 도리어 그 일을 다른 일의 좋은 재료로 이용할 수 있을 것이다. 그리고 어떤 일을 하든 자신이 주인이라는 생각으로 올바르게 처리해야겠다는 것이 유일한 관심인 동시에 염원이 되어야 한다.

오로지 하고자 하는 일에만 관심을 기울이고, 장차 닥쳐올지도 모르는 장애물 따위는 아무 문제도 되지 않는다는 사실을 언제나 명심하라.

59

내면을 들여다보라. 마음속에는 선의 샘이 있고, 그것은 아무리 길어도 결코 마르는 법이 없다.

60

육체를 굳건하게 가꾸어서 행동할 때나 휴식을 취할 때나 불규칙한 상태에 빠지지 않도록 해야 한다. 얼굴을 보면 그 사람을 알 수 있다. 그래서 세심한 주위를 기울여 항상 지적이고 예의바른 용모를 유지해야 한다. 우리의 육체도 이와 같은 주의를 요구하고 있다. 그러나 이러한 모든 일은 자연스럽게 이루어져야 한다.

61

처세술은 무용보다는 오히려 레슬링 경기에 가깝다. 왜냐하면 레슬링 선수는 예측할 수 없는 불의의 공격을 당했을 때를 대비하여 언제나 정신을 똑바로 차리고 꿋꿋이 서 있어야 하기 때문이다.

62

다른 사람들에게 인정받기를 원한다면 언제나 그들이 어떤 사람이며 그들을 지도하는 원리는 무엇인가를 생각해 보라. 그들의 의견과 그 동기가 무엇인지 깨닫게 되면 본의 아니게 잘못을 저지른 사람들을 비난하지 않을 것이며, 그들의 인정이나 칭찬을 바라지도 않을 것이다.

63

모든 영혼은 자신도 알지 못하는 사이에 진리를 빼앗기고 있다고 어떤 철학자는 말했다. 이 말은 정의, 절제, 자비심 등의 미덕들은 인간이 모르는 사이에 상실된다는 의미를 담고 있다. 이런 점을 항상 머릿속에 새겨두고 있으면 모든 사람들을 더욱 친절하게 대할 수 있을 것이다.

64

고통스러울 때마다 항상 다음과 같이 생각하라.

고통은 수치가 아니며 나의 지배적 이성을 타락시키지도 못한다. 참으로 지성은 그것이 합리적이며 사회적인 이상 고통에 의해 손상되지 않는다. 대부분의 경우 에피쿠로스(Epikuros)의 "고통에는 한계가 있으며, 제멋대로 과대 평가하지 않는다면 참을 수 없는 것도 아니며, 영원히 계속되는 것도 아니다."라는 말을 상기하면 큰 도움이 될 것이다.

또한 우리를 불쾌하게 하는 많은 일들, 예를 들면 매우 졸립다든가 덥다든가 식욕이 없다든가 하는 것들도 고통의 일종이다. 그러나 우리는 그것을 심각하게 받아들이지는 않는다. 그러므로 이런 일로 불평이 나오려고 하면 자기 자신에게 말하라. 나는 지금 고통에 굴복하고 있다고.

65

비인간적인 사람들이 인간에게 품고 있는 것과 동일한 감정으로 그들을 대하지 않도록 유의하라.

66

소크라테스가 피타고라스의 아들인 텔라우게스(Telauges)보다 인격적인 면에서 더 훌륭한지 그렇지 않은지를 무엇을 근거로 알 수 있는가?

소크라테스가 보다 고상하게 죽음을 맞이했고, 보다 교묘하고 능란한 발언으로 소피스트들을 반박했고, 추운 밤에도 태연히 밤을 새우고, 아테네의 폭군으로부터 살라미스(Salamis)의 레온(Leon)을 체포하라는 명령을 받았지만 용감하게 거역했을 뿐만 아니라 당당하게 거리를 활보했다는—이것은 의문의 여지가 있는 기록이지만—사실만으로는 충분하지 않다. 오히려 우리는 소크라테스가 어떤 영혼을 지니고 있었는지 음미해 보아야 한다.

그는 인간의 사악함 때문에 어리석게 번민하는 일이 없었으며, 경건한 태도로 신을 공경하며 일생을 보냈다. 모든 인간에게 공정했고, 그들의 무지에 노예처럼 굴복하지도 않았다. 그는 우주가 부여해 준 것을 의심없이 받아들였으며 인내심이 강했고, 그의 이성은 보잘것없는 육체의 영향을 받지 않고 언제나 깨끗했다.

67

자연은 인간의 영혼이 자신의 한계를 분간하지 못하고 스스로 자기 일을 처리하지 못할 정도로 지성과 육체의 구조를 혼합시켜 놓지는 않았다. 인간은 얼마든지 신성한 존재가 될 수 있는 데도 우리는 그 사실을 인식하지 못하고 있다. 이 점을 항상 명심하라. 그리고 행복한 삶을 사는 데는 그다지 많은 것이 필요하지 않다는 점도 명심하라. 그리고 자연에 대해 모르는 것이 너무 많다고 해서, 자유롭고 겸손하며 사회에 기여하고 신의 의지에 순종하는 인간이 되겠다는 희망을 포기하지 말라.

68

비록 온 세상이 욕설을 퍼붓고, 야수들이 육체를 갈기갈기 찢는 일이 생기더라도 모든 강제에서 벗어나 평온하고 침착하라. 이러한 곤경에 처하더라도 영혼이 평온을 바라고 있는 한 주위의 모든 사물에 대해 올바른 판단을 내리고, 존재하는 대상을 유용하게 이용하려는 의지를 방해할 것은 아무것도 없다. 그러므로 세상 사람들이 어떻게 생각하든 자신의 본질은 변하지 않는다. 그리고 현재 일어나는 모든 일은 이성적 · 사회적인 미덕을 발휘하기 위한 좋은 소재임을 명심하라. 즉 이 세상 모든 일은 신의 주관에 의해 일어나는 것인 동시에 전혀 새로운 것도, 다루기 힘든 것도 아니다.

69

도덕적 인격의 완성은 마치 오늘이 마지막 날인 것처럼 매일매일을 보내며, 지나치게 흥분하거나 너무 냉담하지도 않으며, 위선을 부리지 않는 데에 있다.

70

영생하는 신들은 오랜 시간에 걸쳐 오늘날과 같은 인간들, 그리고 수많은 악인들에게 관용을 베풀었지만 결코 화를 내지는 않는다. 뿐만 아니라 모든 방법을 동원해 인간을 돕고 있다. 그런데 그대는 곧 사라질 운명인데도 형제들의 악행에 화를 내고 미워하고 있다. 더구나 그대도 그 악한 사람들 가운데 한 사람이 아닌가!

71

어리석게도 인간은 자기 눈앞에 있는 악은 보지 못하고 오직 다른 사람들의 악을 피하려고 애쓰고 있다. 자신의 악은 피할 수 있지만, 다른 사람들의 악으로부터 자신을 지킨다는 것은 불가능하다.

72

이성 및 사회적 능력으로 판단해 그것이 지적이나 사회적인 것이 아니라고 생각되는 것은 무엇이든, 자기보다 열등한 것이라 생각해도 틀림이 없다.

73

선행을 베풀고 상대방이 그 도움을 받았다면 그것으로 충분하다. 선행의 대가로 칭찬이나 보답을 바라는 것은 어리석은 짓이다.

74

이 세상에 그 누구도 이익을 얻는 데는 싫증을 느끼지 않는다. 그런데 자연에 합당한 행위야말로 유익한 것이다. 그러므로 자연에 따라 행동하라. 다른 사람으로부터 유익한 것을 받고 그것을 다시 남에게 베푸는 일에 결코 인색하지 말라.

75

질서 정연한 우주를 만드는 것이 만물의 본성이다. 현재 일어나는 모든 일은 이 법칙에 따라 계속해서 일어나는 것임을 명심하리. 이 점을 상기하면 직면한 여러 가지 문제를 처리하는 데 한결 마음의 평정을 얻을 수 있을 것이다.

제8권

1

온 생애를, 아니 적어도 성년이 된 이후의 생애를 철학자답게 보냈다고 자신 있게 말할 수 없으며, 오히려 다른 사람들과 마찬가지로 철학과는 동떨어진 생활을 해왔다는 사실을 생각한다면, 헛된 명예욕을 몰아내는 데 도움이 될 것이다. 그대는 이미 세속에 물들어, 철학자라는 명성을 쉽게 얻기란 불가능할 것이다. 그리고 인생은 쉴새없이 철학에 거스르는 영향을 미치고 있다.

이 모든 사실을 알았다면 남들이 어떻게 생각하든 관심을 갖지 말고 남은 생애를 본성이 원하는 대로 살 수 있는 것으로 만족하라. 본성이 원하는 것이 무엇인가를 잘 생각하고 그밖의 일에 마음을 빼앗기지 말라. 그대는 지금까지 어디서도 행복을 찾지 못한 채 무작정 방황했던 경험을 갖고 있다. 훌륭한 인생이란 삼단 논법, 부, 명성, 쾌락이나 그밖의 어떤 것에서 발견되는 것이 아니다. 그렇다면 참된 행복은 어디에 있는가? 그것은 인간의 본성이 원하는 대로 행하는 데에 있다. 그러면 본성이 원하는 바를 어떻게 행할 수 있는가? 그것은 자신의 욕구와 행동에서 우러나온 원리를 가지면 가능하다. 그렇다면 그 원리는 무엇인가? 그것은 선과 악에 관한 것이다. 즉 인간을 정의, 절제, 용기, 자유로 이끄는 것은 선이며, 이와 반대되는 것으로 이끄는 것은 악이라는 신념이 바로 그 원리이다.

2

어떤 행동을 할 때마다, 이 일이 나와 어떤 관계가 있으며 혹시 나중에 이러한 행동을 후회하지 않을 것인지 자기 자신에게 물어 보라. 머지않아 나는 죽게 되고 모든 것은 사라질 것이다. 그러나 생존해 있는 동안만이라도 이성적 존재이며 사회적 존재, 그리고 신과 동일한 법칙의 지배를 받는 인간으로서 마땅히 해야 할 일을 하고 있다면 더 이상 무엇을 바라겠는가?

3

알렉산더(Alexander), 가유스(Gajus), 폼페이우스(Pompeius)를 디오게네스(Diogenes), 헤라클레이토스(Heracleitos), 소크라테스와 비교하면 얼마나 초라한가? 후자의 사람들은 사물의 형상과 본체를 통찰하여 잘 알고 있었으며, 그들의 지배적 원리는 동일한 것이다. 반면에 전자는 얼마나 많은 것을 열망했고, 또 얼마나 많은 것들의 노예가 되었던가.

4

비록 가슴이 미어지는 듯한 슬픔을 당했다 하더라도, 모든 세상 사람들은 조금도 아랑곳하지 않고 여전히 같은 일을 되풀이하고 있다는 사실을 명심하라.

5

만물은 우주의 법칙에 따라 움직이고 있으며 그대도 잠시 후면 하드리아누스나 아우구스투스처럼 사라져 버릴 운명이다. 그러므로 가장 중요한 것은 마음이 흐트러지지 않도록 항상 평온을 유지하는 일이다. 다음으로 중요한 것은 하려는 일을 직시하여, 그 정체를 파악하는 일이다. 이와 동시에 선한 사람이 되는 것이 중요한 의무임을 상기하고, 지체없이 본성이 요구하는 대로 행하라. 그리고 가장 정당하게 생각되는 것을 겸손하고 진지하게, 그리고 거짓 없이 말하라.

6

자연의 본성은 사물을 이쪽에서 저쪽으로 옮기고, 그것을 맞바꿔 놓으며, 한 상태에서 다른 상태로 변화시키는 것이 그 임무이다. 이처럼 만물은 끊임없이 변하고 있다. 그러니 우리는 새로이 만들어진 것을 두려워할 필요는 전혀 없다. 왜냐하면 만물은 처음부터 똑같은 법칙에 의해 지배받고 있으며, 그 분배 역시 언제나 동일하기 때문이다.

7

모든 사람은 자신의 본성이 이끄는 대로 순조롭게 나아갈 때 스스로 만족한다. 그리고 이성적 본성은 그릇된 길로 인도하거나 혹은 거짓이나 불확실한 사상에 동의하지 않도록 하며, 모든 욕구를 오직 사회의 공익을 위한 행동에만 국한시킨다. 즉 이성은 모든 욕망을 자기 영향권 내에 있는 사물에만 국한시키며 자연이 할당한 모든 것을 기꺼이 받아들인다. 왜냐하면 모든 특수한 본성은 자연의 일부분이기 때문이다. 마치 잎의 본성이 식물의 본성의 일부분인 것과 마찬가지이다. 그런데 잎의 본성이 지각이나 이성이 없고 다른 것에 방해를 받을 수 있는 자연의 부분인데 반하여, 인간의 본성은 무엇에도 방해를 받지 않는 공정하고 지혜로운 자연의 한 부분이다. 자연은 모든 사람에게 그 가치, 시간과 실체, 원인(형상), 활동, 사건 등을 공정하게 분배한다. 이때 자연의 분배가 공평하다는 사실은 사람과 사람을 개별적으로 비교해서가 아니라 전체와 전체의 일반적인 비교에서 검토되어야 한다.

8

그대에게는 학문에 정통할 수 있는 능력이나 여가가 없을지도 모른다. 그러나 오만을 억제할 수 있는 여지나 능력은 갖고 있다. 또한 쾌락과 고통에 관심을 두지 않고 헛된 명예욕을 초월할 수 있는 능력이 있다. 어리석고 감사할 줄 모르는 사람들 때문에 괴로워하지 않고 오히려그들의 어려움을 보살펴 줄 수 있는 여유가 있다.

9

공적, 혹은 사적 생활에 대한 불평을 더 이상 다른 사람이 있는 데서하지 않도록 하라. 그리고 당신 자신도 결코 듣지 않도록 하라.

10

후회란 어떤 유익한 것을 소홀히 다루어서 놓쳐 버린 데 대한 일종의자책과 같은 것이다. 선은 어떤 경우에나 유익한 것이기 때문에 선한 사람이라면 당연히 이를 추구한다. 선한 사람은 감각적 쾌락을 단호히 거부하고 결코 그 행동을 후회하지 않는다. 따라서 쾌락은 선도, 유익한 것도 아니다.

11

사물의 본성 또는 본질은 무엇인가? 그리고 이것의 실체와 재료는 무엇인가? 또한 그 원인이 되는 본성은 무엇인가? 그것이 이 세상에서 하는 일은 무엇이며, 또 그것은 얼마나 오랫동안 존재할 것인가? 이 모든 것을 자기 자신에게 물어보라.

12

잠자리에서 일어나기 싫을 때는 사회에 도움이 되는 일을 하는 것이 인간 본성의 법칙에 따르는 것이며, 잠이란 이성이 없는 동물도 취하는 것임을 기억하라. 자신의 본성에 일치하는 일이야말로 무엇보다 참되고 어울리는 것이며 보다 즐거운 일이다.

13

끊임없이, 그리고 가능하다면 사물을 바라볼 때마다 그것이 자기에게 끼칠 영향과 물리적 · 도덕적 · 논리적 분석에 의한 결과를 파악하고 응용하는 습관을 기르도록 하라.

14

어떤 사람과 만나든지 그 사람은 선악에 대해 어떤 견해를 갖고 있을까 생각해 보라. 쾌락, 고통과 그 원인, 명예와 불명예, 삶과 죽음에 대한 그들의 의견을 알게 된다면, 그들이 어떤 행동을 하더라도 놀라거나 당황하지 않을 것이다. 왜냐하면 그들은 오직 그렇게 행동할 수밖에 없었기 때문이다.

15

무화과나무에서 무화과가 열린다고 놀랄 사람은 하나도 없다. 이와 마찬가지로 이 세계에서 당연히 일어나야 할 문제가 발생했다고 해서 놀라는 것도 우스운 일이다. 의사는 환자의 열이 높아도 놀라지 않으며 선장은 거센 파도가 밀려와도 놀라지 않는다.

16

올바른 충고에 따라 그릇된 생각을 수정하는 것이 자신의 독립성을 해치는 일이라고 생각해서는 안 된다. 왜냐하면 그것은 거듭 생각하여 스스로 옳다고 판단한 후에 내린 결정이기 때문이다.

17

만약 자신이 마음대로 선택할 수 있는 일이라면 무엇 때문에 그 일을 비난하겠는가? 만약 자신의 능력으로 할 수 없는 일이라면 누구를 비난하겠는가? 원자(原子)를 비난할 것인가, 아니면 신을 비난할 것인가? 어느 쪽을 비난하든 모두 어리석은 짓이다. 아무도 비난하지 말아야 한다. 능력이 미친다면 그 잘못을 바로잡으려고 노력해야 한다. 그러나 그것이 도저히 불가능한 일이라면 잘못의 원인이라도 바로잡으려고 노력해야 한다. 이것마저 불가능하다면 비난한다고 해서 무슨 소용이 있겠는가? 목적이 없는 일이라면 생각할 가치조차 없다.

18

사람이 죽는다고 해서 우주 밖으로 떨어져 나가는 것은 아니다. 죽은 후에도 여전히 우주 안에 남아 변화의 과정을 거쳐서, 우주의 구성 원소이며 인간을 구성하는 원소이기도 한 본래의 원소로 분해될 뿐이다. 그리고 이것들은 다시 다른 것으로 변하지만 결코 변화를 불평하지 않는다.

19

이 세상에 말이든 포도나무든 목적 없이 존재하는 것은 하나도 없다. 이 점에 대해 조금도 놀랄 필요가 없다. 태양조차도 나름대로 수행해야 할 일이 있기 때문에 존재한다고 할 수 있을 것이다. 또 다른 신들에 대해서도 같은 말을 할 수 있을 것이다. 그렇다면 그대의 목적은 무엇인가? 쾌락을 즐기기 위해 존재하고 있는가? 그대의 상식이 이런 생각을 허용하는지 생각해 보라.

20

자연은 만물의 시작과 과정뿐만 아니라 그 결말까지도 섭리한다.

이는 마치 공을 던지는 사람과 같다. 그런데 공의 입장에서 생각할 때, 그것이 위로 던져졌다고 해서 더 좋아지며 다시 땅으로 떨어진다고 해서 더 해롭다고는 할 수 없지 않은가? 또 거품이 일었다고 해서 무슨 좋은 일이 있으며, 거품이 사라졌다고 해서 무슨 해가 있는가? 생명의 등불에 대해서도 이와 같은 말을 할 수 있을 것이다.

21

육체의 실상을 한번 살펴보라. 그것이 늙었을 때는 어떻게 될 것인가를 생각해 보라. 찬양하는 사람이나 찬양받는 사람도, 기억하는 사람이나 기억되는 사람도 모두 잠시 세상에 머물 뿐이다. 그리고 이러한 일은 이 지구의 조그마한 한 모퉁이에서 일어나고 있다. 그런데 이 한구석에서도 모든 사람이 동일한 의견을 갖는다는 것은, 아니 자기 자신이 한결 같은 의견을 갖는 것조차 불가능한 일이다. 더구나 지구 전체라 해도 우주에 비하면 한 점에 불과할 뿐인데 말이다.

22

눈앞에 닥친 문제가 물질이든 행동이든 또는 원리이든 오직 정신을 집중하여 그 본질을 직시하라. 오늘 그대가 난관에 부닥친 것은 당연하다. 왜냐하면 오늘 어떤 일을 성의 없이 처리하기보다는 내일 더욱 올바르게 해결하는 것이 낫기 때문이다.

23

나는 지금 무엇을 하고 있는가? 나는 인류에 봉사하는 것과 밀접하게 관련된 일을 하고 있다. 나에게 어떤 일이 일어나고 있는가? 그것이 무엇이든 나는 그 일을 신과 만물의 근원인 우주의 본질과 연관시켜 받아들이고 있다.

24

목욕을 하면 기름, 땀, 때, 더러운 물 등에 불쾌감을 느낄 것이다. 인생의 여러 가지 일이나 만물의 각 부분도 결국 이와 마찬가지이다.

25

루킬라(Lucilla : 마르쿠스의 친어머니)는 베루스(Verus : 마르쿠스의 친아버지)의 임종을 지켜보았으나 결국은 그녀 역시 죽었다. 세쿤다(Secunda)는 막시무스(Maximus)의 임종을 지켜보았으나 결국은 그도 죽었다. 에피틴카누스(Epitynchanus)는 디오티무스(Diotimus)의 임종을 지켜보았으나 마침내 그도 죽었다. 안토니누스(Antoninus)는 파우스티나(Faustina : 안토니누스의 부인)를 매장했지만 그 역시 묻히고 말았다. 켈레르(Celer : 하드리아누스 황제의 시종으로 웅변가임)는 하드리아누스를 묻어 주었지만 그도 죽었다.

이러한 예지를 지닌 사람들, 예언자들, 교만하던 사람들은 지금 어디에 있는가? 카락스(Charax), 플라톤 학파의 데메트리우스(Demetrius), 에우다에몬(Eudaemon : 그리스의 저명한 점성가) 등과 같이 명석한 두뇌를 자랑하던 사람들은 지금 어디에 있는가? 그들은 마치 하루살이처럼 이미 오래 전에 죽고 없다. 어떤 사람들은 죽자마자 망각 속에 묻혀 버리고, 또 어떤 사람들은 전설상의 영웅으로 남아 후세에 전해지며, 또 어떤 사람들은 전설에서조차 찾아볼 수 없다. 그러므로 고깃덩어리에 불과한 당신의 육체도 곧 분해되고, 이윽고 당신의 가냘픈 호흡도 끊어져 어딘가 다른 곳으로 옮겨질 운명이라는 사실을 명심하라.

26

인간은 인간 본연의 일을 할 때 비로소 진정한 만족을 느낀다. 인간다운 일이란, 같은 종족에게 친절을 베풀고, 감각적인 욕망을 경멸하고, 그럴듯한 외모에 현혹되어 사물의 본질을 잘못 판단하지 않으며, 우주의 본성과 대자연이 하는 일을 관조하는 것이다.

27

그대와 다른 사물 사이에는 다음 세 가지 관계가 있다.

첫째는 그대를 둘러싸고 있는 육체에 관한 것이고, 둘째 만물의 근원인 대자연에서 일어나는 모든 일의 원인과의 관계이고, 셋째는 함께 생활하고 있는 주위 인간과의 관계이다.

28

고통은 육체에 해롭거나—그렇다면 육체로 하여금 그 의견을 말하게 하라—영혼에 해롭다. 그러나 영혼은 자신의 안정과 평온을 유지하면서 고통을 악으로 받아들이지 않을 능력이 있다. 왜냐하면 모든 판단과 충동, 욕망, 혐오 등은 마음속에서 일어나며, 어떠한 악도 본성을 따르는 그 높은 경지를 침범할 수는 없기 때문이다.

29

언제나 자기 자신에게 다음과 같이 타이르면서 모든 망상을 깨끗이 몰아내라.

"나는 어떤 악도 내 영혼 속으로 스며들지 못하게 할 수 있으며, 어떤 욕망도 내 마음을 어지럽히지는 못한다. 그리고 만물을 있는 그대로의 모습으로 통찰하고 각기 그 가치에 따라 모든 것을 이용할 수 있다."

자연은 그대에게 이러한 능력을 주었다는 점을 명심하라.

30

원로원에서나 또는 어느 누구 앞에서라도 항상 조리 있게, 편견을 갖지 말고 공정하게 말하라. 사용하는 말 또한 건전하고 유익해야 한다.

31

아우구스투스(Augustus) 황제의 궁전 생활을 상상해 보라. 그의 아내, 딸, 자손, 조상, 형제, 아그리파(Agrippa), 친척, 측근, 친구, 마에케나스(Maecenas), 아레이우스(Areius), 의사, 고문 등 이 모든 사람들이 사라져 버려 지금은 어디에도 없다. 단지 한 사람의 죽음뿐만 아니라 폼페이(Pompeys) 집안과 같은 일족의 멸망을 상기하면서 인간의 운명에 대해 생각해 보라. 그리고 묘비에 새겨 놓은 '일족 중 마지막 사람'이라는 글귀를 볼 때마다 우리의 선조들이 자손을 남기기 위해 얼마나 연연했는지 짐작할 수 있다. 그러나 누군가가 결국은 최후의 사람이 되어야만 한다. 더 나아가 전인류도 끝내는 멸망한다는 사실을 명심하라.

32

사소한 행동 하나하나가 모여 전체 삶에 공헌하게 되는 것이다. 그리고 행동이 가능한 모든 범위 내에서 그 의무를 다했다면 그것으로 만족하라. 의무를 완수하려는 의지를 방해할 사람은 아무도 없다. 혹시 외적인 어떤 것이 방해할지도 모른다고 근심된다면 그 무엇도 정당하고, 건전하고, 신중한 행동에는 영향을 미칠 수 없다는 사실을 명심하라.

그러나 어쩌면 불가항력적인 힘이 앞에 버티고 서서 방해할지도 모른다. 만에 하나 그런 일이 생긴다면 그 장애물을 인정하고 당신의 능력이 미치는 다른 일에 노력을 돌려라. 방해받고 있는 활동 대신에 다른 일을 할 수 있는 기회가 생길 것이며, 바로 그것이 처음 의도한 바와 일치하는 일이다.

33

겸손하게 부귀 영화를 받아들여라. 그러나 언제라도 미련없이 넘겨줄 각오도 하라.

34

혹시 손이나 발 또는 머리가 몸에서 잘려 나가 땅에 뒹구는 모습을 본적이 있는가? 자기에게 일어나는 일에 만족하지 못하고 다른 사람들로부터 동떨어져 반사회적인 활동을 하고 있는 사람들의 상태가 바로 이와 같은 것이다. 자연의 일부분으로 만들어졌으며 그곳에서 생활하고 있음에도 불구하고 스스로 자연의 조화에서 이탈한다면, 스스로 팔이나 다리를 잘라 버리는 것과 같다.

그러나 아직도 그대에게는 아름다운 섭리가 작용하고 있어서 스스로 다시 자연의 통일성으로 되돌아갈 수 있는 능력이 있다. 신은 인간 이외의 다른 사물에 대해서는 일단 분리되고 떨어져 나간 것을 다시 결합시키는 능력을 허용하지 않았다. 그러나 영광스럽게도 신은 인간에게 그러한 자비를 베풀어 주셨다. 신은 인간이 우주로부터 분리될 수 없도록 만들었으며, 만약 분리되었을지라도 다시 돌아와 일체를 이루고 우주의 일부분으로서의 역할을 수행할 수 있도록 배려하였다.

35

우주는 이성적 존재인 인간에게 거의 모든 능력을 주었다. 그중에는 귀중한 능력도 있다. 즉 우주의 본성은 그것을 방해하고 저항하는 모든 것들을 본래의 위치로 되돌아오게 해서 자신의 일부로 삼는 것처럼, 인간에게 주어진 임무를 방해하는 모든 장애물을 본래의 목적을 달성하는 데 도움이 되는 재료로 이용할 수 있는 능력을 주었다.

36

한평생을 떠올리며 자신을 괴롭히지 말라. 앞으로 닥칠지도 모를 여러 가지 고난을 한꺼번에 걱정하지 말라는 뜻이다. 그보다는 어떤 사건에 부딪칠 때마다, '이 일에 내가 감당할 수 없는 것이 있는가?' 자문해보라. 만약 그렇다는 결론이 나오면 심한 부끄러움을 느낄 것이다. 왜냐하면 세상에 도저히 참을 수 없는, 인내의 한계를 초월하는 문제는 결코 존재하지 않기 때문이다.

자신을 괴롭히는 것은 과거도 미래의 문제도 아닌, 오직 현재 직면한 문제라는 사실을 명심하라. 그러나 이것도 자신의 영혼의 능력을 깨닫는다면 아주 사소한 것이 되어 버린다. 그 정도의 일조차 감당할 수 없다고 포기한다면 가차없이 마음을 꾸짖으라.

37

지금도 베루스의 무덤 앞에 그의 사랑하는 여인 판테이아(Pantheia)나

노예 페르가무스(Pergamus)가 꿇어앉아 있는가? 또 카우리아누스나 데오티무스는 지금도 하드리아누스의 무덤 앞에서 눈물짓고 있는가? 이렇게 질문한다는 것 자체도 어리석고 우스운 짓이다. 그러나 그들이 지금도 무덤 앞에서 울고 있다고 가정해 보자. 그렇다고 죽은 사람들이 그것을 알 수 있겠는가? 죽은 사람들이 그것을 알고 있다고 가정하자. 과연 그들이 기뻐하겠는가? 설사 기뻐하더라도 죽은 사람이 다시 살아날 수는 없는 일이 아닌가! 결국 모두 부질없는 짓이다. 누구든 죽음에서 벗어날 수는 없는 운명이 아닌가!

38

한 철학자는 "만약 그대에게 날카로운 통찰력이 있다면 잘 보고 현명한 판단을 내려라."라고 말했다.

39

나는 이성적 동물의 본질에서 정의와 상반되는 미덕을 찾아낼 수 없었다. 그러나 쾌락을 멀리하는 미덕을 보았다. 그것은 절제이다.

40

자신을 괴롭히고 있다고 생각되는 것들에 신경을 쓰지 않는다면 그 무엇에도 상처받을 수 없는 안전한 지대에 올라서 있는 것이다. 이러한 것이 바로 이성이다. 그러나 나는 이성 그 자체는 아니다!라고 말할지도 모른다. 물론 그것은 옳은 말이다.

몸의 다른 부분, 곧 육체는 고통스러운 상태에 빠질 수 있다. 그럴 경우 육체는 당연히 고통을 하소연할 것이다. 그러나 그렇더라도 이성 자체가 자기 자신을 괴롭히는 일이 없도록 하라.

41

감각적 지각의 장애는 모든 동물의 본성에 해악이 된다. 마찬가지로 욕망의 장애 또한 동물의 본성에 해악이다. 이와는 좀 차이가 있지만 식물의 본성에 대해서도 동물의 경우에서와 같이 장애와 해악이 되는 것이 있다. 또한 지성의 장애도 영혼의 본성에 해악이 된다. 그렇다면 이러한 원리를 자신에게 적용해 보라.

고통이나 감각적 쾌락이 어떤 영향을 미치는가? 그것은 감각이 잘 알고 있다. 어떤 목적을 달성하려는 의지를 방해받은 적이 있는가? 만약 그것들이 영혼의 활동에 실제적인 장애물로서 작용한다면 그 장애는 이성적 동물인 그대에게 분명히 해악이다. 그러나 사물의 통상적인 과정을 생각한다면 아직 해를 입거나 방해를 받은 것이 아니다.

영혼에 어떤 영향을 주거나 그 활동을 방해하고 고유의 영역을 침범할 수 있는 것은 아무것도 없다. 불도, 무력도, 폭군도, 비난도, 그밖의 어떤 것도 영혼에 접근할 수는 없기 때문이다. 인간의 이성은 원과 같이 일단 원형으로 만들어진 이상 언제까지나 변하지 않고 계속 원형으로 존재한다.

42

내가 내 자신을 괴롭히는 것은 적합치 않다. 왜냐하면 나는 아직 한 번도 남을 의식적으로 괴롭힌 일이 없기 때문이다.

43

사람들마다 즐거워하는 것이 각기 다르다. 그러나 내 경우에는 나의 지배적 이성이 건전하여 이 세상에서 일어나는 어떤 일도 피하거나 등을 돌리지 않고, 모든 것을 기꺼이 받아들이며, 그 가치에 따라 모든 것을 적합하게 이용할 때 참다운 기쁨을 느낀다.

44

현재에 충실한 사람이 되라. 사후의 명성을 추구하는 사람은 다음과 같은 사실을 망각하고 있다. 즉 후세 사람들도 현재 모든 사람들이 고통 받는 문제로 인해 똑같이 괴로워할 것이라는 사실을. 그들 역시 곧 죽어야 할 운명인 것이다. 후세 사람들이 그대에 대하여 어떤 말을 하든, 또 어떻게 생각하든 그것이 그대와 무슨 상관이 있는가?

45

나를 들어서 어디든지 원하는 곳으로 던져 보라. 그곳에서도 내 본성을 깨끗하고 평온하게 유지할 것이다. 그 본성의 내용에 맞게 생각하고 행동한다면, 나는 어디서든지 평온하고 만족할 수 있는 것이다.

이러한 장소의 이동 때문에 나의 영혼이 괴로워하고 더 악화되고 위축되고 타락하며 겁쟁이가 될 필요가 있을까? 그리고 이 세상에 나의 영혼을 타락시킬 수 있는 요인이 존재할 수 있을까?

46

그 누구에게도 비인간적인 일은 일어날 수 없다. 황소에게는 황소의 본성에 벗어난 일이 일어날 수 없으며, 포도나무에는 포도나무의 본성에 벗어난 일이 일어날 수 없으며, 돌에는 돌의 본성에 벗어난 일은 일어나지 않는다. 이처럼 본성에 맞지 않는 일은 결코 일어나지 않는데 무엇 때문에 불평을 하는가? 인간의 본성은 자연의 그것과 일치되며, 자연은 참고 견딜 수 없는 일은 절대로 일으키지 않는다.

47

지금 외부적인 어떤 것으로 인해 고통을 받는다면, 자신을 괴롭히는 것이 외부적인 것이 아니라 그것에 대한 자신의 판단이라는 사실을 깨달아야 한다. 그러나 그대에게는 그 잘못된 판단을 제거할 충분한 능력이 있다.

그리고 만약 괴롭히는 그것이 외부적인 작용이 아니라 마음속에 있다면 어느 누가 그 고통의 원인을 제거하는 걸 방해할 수 있겠는가? 또한 올바르다고 생각되는 행동이나 어떤 의무에서 벗어났기 때문에 고통을 받고 있다면 왜 즉시 불평을 그만두고 올바른 행동을 하지 않는가?

자신의 힘으로는 제거할 수 없는 장애물이 앞을 가로막고 있는가? 그렇다면 그 일을 못하는 원인이 자신에게 있는 것이 아니므로 괴로워하지 말라. 그러나 그 일을 할 수 없다면 살아갈 보람이 없다고 생각하는가? 그렇다면 그 장애물을 기꺼이 받아들여라. 그리고 해야 할 일을 다하고 죽는 사람처럼 즐겁고 홀가분한 마음으로 이 세상을 떠나라.

48

침착하게 마음을 가다듬고 자신의 뜻에 어긋나는 것을 억지를 부려서라도 단호히 거절한다면, 그 누구도 결코 지배적 능력을 굴복시킬 수 없음을 명심하라. 그렇다면 지배적 능력이 이성의 도움을 받아 신중하게 판단을 내린다면 어떻게 되겠는가? 이 경우라면 더 이상 말할 필요조차 없다.

이와 같이 정념(情念)에 흔들리지 않는 정신은 견고한 요새와도 같다. 어떠한 공격도 피할 수 있으며, 장래를 안전하게 맡길 수 있는 장소로서 이 요새보다 더 알맞은 곳은 없다. 그러므로 이러한 사실을 모르고 있는 사람은 무지한 사람이요, 알고 있으면서도 그곳으로 피신하지 않는 사람은 불행한 사람이다.

49

최초의 인상 이상의 것을 마음에 담아두지 말라. 가령 어떤 사람이 그대를 비난하는 말을 들었다고 하자. 그것은 전해 들은 말일 뿐이니, 실제로 피해를 입을지도 모른다고 과장해서 생각하면 안 된다. 나는 내 아이가 병들어 누워 있는 것을 본다. 그러나 아들의 병이 위독한지는 알지 못한다. 그럼에도 불구하고 당황하고 슬퍼하고 걱정한다면 그것은 바로 최초의 인상 이상의 것을 받아들였기 때문이다. 그러므로 언제나 최초의 인상만을 받아들이고 그 이상 다른 상상을 첨가하지 말라. 그러면 아무 일도 일어나지 않을 것이다. 그렇지 않으면 차라리 이 세상의 모든 일을 통찰하고 있는 사람처럼 어떤 것을 덧붙여라.

50

맛이 쓴 오이가 있다. 그렇다면 그 오이를 버려라. 길 한복판에 가시

덤불이 있다. 그렇다면 그 장애물을 피해서 돌아가라. 그렇게 하는 것으로 충분하다. '이 세상에 어째서 이런 것들이 생겨났을까?' 하고 불평하지 말라. 그런 불평을 하면 자연을 잘 알고 있는 사람들로부터 비웃음을 받을 것이다. 왜냐하면 그것은 마치 목공이나 제화공의 작업장에 톱밥이나 가죽조각이 어지러이 널려 있다고 불평하는 것과 똑같기 때문이다. 그런데 목공이나 제화공들은 쓸모없는 것을 버릴 곳을 알고 있다. 그러나 자연은 그러한 것들을 처분할 여분의 공간이 없다. 그럼에도 불구하고 자연은 이와 같이 쓸모없는 것들을 훌륭하게 처리할 수 있는 위대한 능력을 지니고 있다. 즉 자연은 사물이 부패하거나 노쇠하거나 쓸모없이 되면, 그것을 자신 속에서 변화시켜 다시 새로운 것을 만들기 위한 재료로 삼는다. 따라서 자연은 외계로부터 어떤 물질을 받아들일 필요가 없으며, 쓰레기를 버릴 장소도 필요로 하지 않는다. 자연은 그 자신의 공간과 자기의 재료, 자기의 독특한 기술에 만족하는 것이다.

51

행동이 거칠거나, 대화에 핵심이 없거나, 사상이 혼미해서는 안 된다. 영혼이 내적 분란과 외적 혼란으로 인해 시달려서는 안 되며, 지나치게 바쁜 생활을 하여 인생의 여유를 잃어서도 안 된다.

사람들이 그대를 고문하고, 육신을 갈기갈기 찢고, 저주한다고 상상해 보라. 그러한 것들이 영혼을 순결하고, 현명하고, 건전하고, 올바르게 가꾸려는 노력에 어떤 영향을 끼칠 수 있는가? 예를 들어 어떤 사람이 투명하고 맑은 물이 솟는 샘물가에서 온갖 욕설로 그 샘물을 저주한다 하더라도 샘물은 결코 맑은 물을 멈추지 않고 내뿜을 것이다. 설사 그 속에 진흙이나 오물을 집어넣었다 해도 샘물은 곧 그것을 흘려 보내고 본래의 맑음을 되찾을 것이다.

어떻게 하면 우리도 영원히 더럽혀지지 않는 마음의 샘을 지닐 수 있을까? 언제나 성실하고 소박하고 겸손하게 행동함으로써 영원히 맑은 물이 샘솟는 샘을 얻을 수 있을 것이다.

52

우주의 본성이 무엇인지 모르는 사람은 자신이 어디 있는지 알지 못한다. 대자연이 어떤 목적을 가지고 존재하는지 모르는 사람은 자신이 어떤 존재이며, 우주가 무엇인지 알지 못한다.

이와 같은 것들을 이해하지 못하는 사람은 자신이 무엇 때문에 존재하고 있는지조차 알 수 없다. 그렇다면 자신이 어디에 있는지, 무엇 때문에 존재하는지도 모르는 사람들의 찬양을 받기 원하거나 그들의 비난을 두려워하는 사람들을 그대는 어떻게 생각할 것인가?

53

적어도 한 시간에 세 번은 자기 자신을 저주하는 사람들의 칭찬을 받고 싶은가? 자기 자신도 만족시키지 못하는 사람들을 즐겁게 해주려고 노력하는가? 자기가 한 거의 대부분의 행동을 후회하는 사람이 어떻게 자신에게 만족할 수 있겠는가?

54

이제 자신을 둘러싸고 있는 공기를 호흡하는 데만 그치지 말고 자신의 지성이 만물을 포용하고 있는 이성과 자연스럽게 조화를 이루도록 하라. 왜냐하면 지성의 힘은 인간의 생존을 위해 존재하는 공기처럼 만물의 각 부분에 널리 퍼져 있어 이성을 받아들이려 하는 모든 것에 커다란 도움을 줄 수 있기 때문이다.

55

일반적으로 인간이 말하는 악덕은 우주에 전혀 해를 끼치지 않는다. 이와 마찬가지로 어떤 한 사람의 악은 다른 사람들에게 영향을 주지 못한다. 악이란 단지 그것을 허용하고 받아들이는 사람에게만 해를 입히기 때문이다. 그렇지만 그런 사람도 스스로 원하기만 한다면 언제라도 그 악에서 풀려날 수 있는 능력을 지니고 있다.

56

나의 자유 의지는 이웃 사람들의 자유 의지와 전혀 아무런 관계가 없다. 그것은 그들의 호흡과 육체가 나와는 직접적인 관계가 없는 것과 같다. 비록 우리가 각별한 상호 의존의 관계에 있다 하더라도 우리들은 각기 나름대로의 할 일을 갖고 있다. 만약 그렇지 않다면 이웃 사람의 악은 나에게도 재앙이 될 것이다. 그러나 신은 다른 사람 때문에 나의 행복이 파괴되는 것을 원하지 않는다.

57

태양은 모든 방향으로 그 빛을 발산하고 있지만 결코 소모되지 않는다. 왜냐하면 쏟아져 내려 분산되는 것처럼 보이는 것이 사실은 확장이기 때문이다. 태양 광선이 어떤 것인지 알고 싶다면 좁은 공간을 통해 어두운 방으로 스며드는 것을 관찰하면 된다. 태양 광선은 일직선으로 뻗어 나가며, 어떤 고체가 앞을 가로막아 그 흐름을 방해하면 분산되어 다른 장소로 이동하는 것처럼 보인다. 그러나 좀더 유심히 관찰하면 그 빛은 한 장소에 고정되는 것이지 미끄러져 나가거나 추락하는 것이 아님을 알 수 있다. 이해력의 유출도 이와 마찬가지로 결코 소멸되는 것이 아니라 단지 그 자체의 연장일 뿐이다.

생각이 어떤 난관에 부닥쳤을 때에는 격렬하고 난폭한 충돌을 일으켜서는 안 된다. 그 장애물을 피해서 조용히 다른 곳으로 사라져서도 안 된다. 오로지 그 생각을 마치 태양광선처럼 조용히 이성을 받아들이는 곳에 고정하여 비추어야 하며, 그것이 받아들여지지 않는다 해도 그냥 그곳에 머물러 있어야 한다.

58

죽음을 두려워하는 사람은 감각의 상실이나 새로운 종류의 감각을 두려워하는 것이다. 그런데 사실 죽은 후에는 모든 감각이 사라지므로 아무 해악도 느끼지 못할 것이다. 그리고 만약 죽은 후에 어떤 다른 종류의 감각을 받아들일 수 있게 된다면 새로운 생명이 되어 계속해서 살아갈 것이며 그것 또한 해악이 아니다.

59

이 세상에 존재하는 모든 인간은 서로 협조하기 위하여 창조되었다. 그렇기 때문에 무지한 상대방을 가르쳐 주고, 설사 그들이 저지르는 행위가 마음에 들지 않더라도 참고 견디어야 한다.

60

화살의 움직임과 정신의 움직임은 각기 다르다. 그럼에도 불구하고 정신을 주의 깊게 집중해서 그 길을 살피거나 연구에 몰두해 있을 때는 화살 못지않게 그 목표를 향해 똑바로 날아간다.

61

다른 사람들의 마음을 이해하도록 노력하라. 마찬가지로 다른 사람들로 하여금 그대의 지배적인 능력을 이해하도록 하라.

제 9 권

1

부정한 행동을 하는 사람은 경건하지 못한 행동을 하는 사람이다. 우주의 본성은 이성적 동물인 인간이 각자의 능력에 따라 서로 협력하며, 상대방에게 상처를 주어서는 안 된다고 규정지어 놓았다. 따라서 이 본성의 섭리를 거스르는 사람은 신에게 씻을 수 없는 죄를 범하는 것이다. 거짓된 행동 역시 신에 대해 죄가 된다.

우주의 본성은 모든 사물을 포함하고 있으며, 진실된 만물의 궁극적 원천인 이 자연의 또 다른 면이 바로 진리이다. 그러므로 고의로 거짓말을 하는 사람은 남을 속이는 부정한 행동과 마찬가지로 우주의 본성에 어긋난다. 그리고 본의 아닌 거짓말 또한 잘못이다. 왜냐하면 그것은 우주의 본성에 어긋나며, 우주의 질서를 혼란스럽게 만들기 때문이다. 본의 아니게 거짓말을 하는 사람은 허위와 진실을 식별하는 능력을 자연으로부터 물려받았지만, 그 능력을 소홀히 하기 때문에 거짓과 진실을 분간하지 못한다.

이밖에 쾌락을 선이라며 추구하고, 고통을 악이라고 생각하여 피하는 사람도 죄를 범하고 있는 것이다. 이러한 사람은 틀림없이 자연의 처사가 불공평하다고 비난한다. 악인은 흔히 쾌락을 누리며 쾌락을 얻을 수 있는 많은 사물을 소유하고 있는데 반해, 선인은 자신의 역할을 하느라 고통을 받으며 고통을 주는 사물을 소유하고 있다는 생각을 갖고 있는 것이다.

이 세상에서 흔히 일어나는 일에 공포를 느끼고 고통을 두려워하는 행동 역시 잘못이다. 그러한 사람은 쾌락을 위해 명백히 죄가 되는 부정한 행동도 서슴지 않고 저지른다. 자연은 만물을 공평하게 다룬다. 만약 그렇지 않다면 자연은 고통과 쾌락이 동시에 존재하도록 만들지는 않았을 것이다. 그러므로 자연과 동일한 마음, 즉 사물을 공정하게 취급하는 태도를 취함으로써 자연의 섭리에 순종할 수 있는 것이다. 반면에 고통과 쾌락, 삶과 죽음, 명예와 불명예 등 보편적 자연이 차별 없이 대하는 것들에 공평하게 대하지 못하는 사람은 명백한 잘못을 저지르고 있는 것이다.

여기서 자연이 만물을 공정하게 취급한다는 것은, 자연에 의해 생겨난 모든 것과 끊임없이 창조되는 모든 세대는 똑같은 경험을 하게 된다는 의미이다. 왜냐하면 만물은 섭리의 근원적 운동에 의해 동일한 방법으로 태어났기 때문이다. 즉 지금 존재하고 있던 것들은 과거에 이미 존재했던 것을 재료로 삼아 창조되었으며, 이와 같은 원리에 의해 미래에도 동일한 것들이 존재하게 될 것이다.

2

거짓말, 위선, 사치, 오만 등에 물들지 않고 이 세상과 하직하는 것이야말로 가장 바람직한 삶이다. 그러나 이미 이러한 것들을 충분히 경험했다면 재빨리 그것들로부터 떠나라. 그것만이 최선의 방법이다. 아니면 차라리 악덕에 파묻혀 살기로 결심했는가? 아직도 이들 악성 열병들로부터 피해 다녀야 할 만큼 경험이 충분하지 못한가? 이성의 파괴야말로 우리를 둘러싸고 있는 공기의 오염이나 변질보다 훨씬 더 무서운 것이다. 인간이 단지 동물에 불과할 뿐이라면 이성의 파괴는 그의 생명만을 위협하지만, 인간이 이성을 지닌 이상 그것은 다른 인간의 본질에도 영향을 미치기 때문이다.

3

죽음을 두려워하지 말라. 죽음이란 자연의 한 과정이라는 생각으로 오히려 즐겁게 받아들여라. 청년이 나이가 들어 노인이 되는 것처럼, 갓난아이에게 이가 나고 장년이 되어 수염이 나고 이윽고 백발이 되는 것처럼, 수태하고 배가 불러오고 마침내 새로운 생명이 탄생하는 것처럼, 그밖의 다른 모든 현상과 마찬가지로 죽음 역시 자연의 한 과정이다.

그러므로 죽음에 대하여 너무 무관심하거나 두려워하거나 당황하지 말고, 침착하게 받아들여라. 마치 여자의 태내에서 아이가 나올 때를 기다리고 있는 것처럼, 당신의 영혼이 육체라는 외피에서 벗어날 때를 기다려라.

그러나 죽음에 대해 초연한 태도를 취하도록 도와줄 것이 필요하다면, 곧 떠나게 될 이 세상이 어떤 것인지, 그리고 앞으로 더 이상 관계를 갖지 못할 이 세상 사람들의 품성을 생각해 보라. 이러한 참모습을 깨달으면 죽음과 기꺼이 타협할 수 있을 것이다. 하지만 이 세상 모든 것이 보잘것없다고 해서 그것에 적대감을 품어서는 안 된다. 그들을 보살펴 주고 그들의 행동을 묵묵히 참고 견디는 것이 그대의 의무이기 때문이다.

그러나 죽음이란 동일한 원리를 지닌 사람들의 곁을 떠나는 것이 아니라는 사실을 명심하라. 만약 동일한 이성을 지닌 사람들과 함께 사는 것이 가능하다면—그것이 정말 허용된다면—그것만이 우리를 세상으로 되돌아오게 하며 삶에 애착을 느끼게 하는 유일한 것이다. 그러나 지금은 조화를 이루지 못하는 사람들과 함께 생활하는 것이 얼마나 피곤한 일인가를 잘 알고 있다. 그리하여 다음과 같이 말할 것이다.

"죽음이여, 어서 오라. 내가 나 자신의 본분을 망각하기 전에."

4

남에게 죄를 짓는 사람은 자기 자신에게 잘못을 범하는 것과 같다. 부정한 행동은 자기 자신을 나쁘게 만들기 때문에 결과적으로 자신에게 죄를 짓는 셈이다.

5

사람들은 어떤 행동을 했을 때에만 잘못을 저지르는 것은 아니다. 오히려 아무 일도 하지 않는 것이 잘못일 경우도 적지 않다. 그것은 의무를 태만히 하는 경우이다.

6

올바른 이성을 토대로 현재의 의견을 갖게 된 것이고, 현재의 행위가 사회에 유용한 것이며, 현재 일어나고 있는 모든 일에 만족하고 있다면 그것으로 충분하다.

7

헛된 상상을 털어내 버려라. 모든 충동을 자제하라. 그리고 가진 바
능력을 한껏 발휘하라.

8

이성이 없는 동물에게는 하나의 생명이 주어져 있을 뿐이지만 이성적인
동물에게는 지혜로운 영혼이 부여되어 있다. 마치 흙에서 생산되는 모든
사물이 지구라는 동일한 원천을 갖고 있는 것처럼, 시각과 생명을 가진 우
리 모두는 동일한 빛을 통해서 보고, 동일한 공기를 통해서 호흡한다.

9

공통점이 있는 것끼리 서로 결합하려는 성질은 만물의 본성이다. 흙
의 성질을 가진 것은 모두 흙으로 향하고, 물의 성질을 가진 것은 함께
모여서 흘러가며, 공기의 성질을 가진 것 역시 마찬가지이다. 그래서 그
것들을 분리시키려면 강제나 폭력이 동원되어야 한다.

불은 하늘을 향해 타오른다. 또 모든 불과 함께 타오르려는 성질이 강
해서 연소를 방해하는 요소가 적은 건조한 물체를 발견하면 즉시 태워
버린다. 우주의 이성을 분배받은 인간도 이와 마찬가지로, 혹은 그 이상
으로 자기와 성질이 같은 것과 동일한 방향으로 움직인다.

그러나 인간은 다른 존재와 비교하여 월등히 뛰어나기 때문에 그만큼
쉽사리 이끌리고 융화된다. 하지만 재결합하려는 본성은 이성이 없는
동물에게서도 발견할 수 있으며, 어떤 의미로는 사랑도 찾아볼 수 있다.
즉 벌이나 가축은 떼를 지어 생활하며, 새들도 짝을 찾고 둥지를 짓는

다. 이것은 동물에게도 영혼이 있기 때문이다. 이러한 현상은 식물이나 무생물 등에서는 결코 찾아볼 수 없다. 그렇지만 이성을 가지고 있는 인간은 정치적 단체, 우정, 가족, 집회, 전쟁 중의 협상과 휴전 등과 같이 훨씬 고차원적인 사회 생활을 한다. 그리고 인간의 보다 탁월한 능력은 마치 서로 떨어져 있는 별들이 전체적인 조화를 이루고 있는 것처럼 육체는 분리되어 있을지라도 굳게 결속된 공동 생활을 한다는 점이다. 이와 같이 인간은 서로 떨어져 있더라도 공감하는 유대 관계를 맺고 있는 것이다.

그러나 현실은 어떠한가? 무엇보다 뛰어난 우리 인간만이 이러한 상호간의 욕구와 열의를 망각하고 있으며, 서로 협력하려는 정신도 찾아볼 수 없다. 그러나 서로 결합하려는 본성은 매우 강한 것이어서 비록 인간이 한사코 그것을 기피하려고 해도 이러한 결합으로부터 벗어나진 못한다. 주위를 유심히 살펴보면 이를 이해할 수 있다. 즉 사람들과 완전히 담을 쌓고 살아가는 사람은 없다.

10

인간도 신도 우주도 때가 되면 모두 열매를 맺는다. 포도나무나 그밖의 다른 과일나무가 제각기 열매를 맺는 것처럼 인간의 이성은 자신을 위하여, 그리고 이 세상을 위하여 열매를 맺는다. 인간의 이성으로부터 그 본성에 맞는 여러 가지 미덕이 생겨나는 것이다.

11

만약 가능하다면 잘못을 저지르는 사람을 잘 타일러서 바로잡아 주

라. 그것이 불가능할 때는, 이런 경우를 위하여 관용이 부여되었다는 사실을 상기하라. 신들도 이러한 사람들에게 관용을 베푼다. 또한 신들은 일정한 목적을 위해 건강과 부와 명예를 얻으려는 그들의 노력을 돕기까지 한다. 이처럼 신들은 자비롭다. 그리고 그대 역시 그렇게 할 수 있다. 어느 누가 친절을 베풀려는 노력을 방해할 수 있겠는가!

12

열심히 일하라. 그러나 비참한 심정으로 마지못해 하지는 말라. 또한 남에게 동정을 구하거나 칭찬을 받기 위하여 일하지는 말라. 다만 사회의 일원으로서 공공의 이익에 공헌하는 일만을 수행하라.

13

나는 오늘 모든 괴로움에서 해방되었다. 아니, 오히려 내가 모든 근심을 몰아내 버렸다. 왜냐하면 근심은 외부에 있는 것이 아니라 내 마음속에 있기 때문이다.

14

이 세상 모든 것은 동일하다. 경험은 익숙한 것이고 시간은 덧없으며 사건은 무가치하다. 지금 죽어 매장되어 있는 사람들의 시대나 현재나 조금도 다름이 없다.

15

사물은 자기 자신에 대해 아무것도 모르며 또 어떤 의견에 대해 판단을 내릴 능력도 없고, 완전히 따로 떨어져서 우리의 외부에 존재한다. 그러면 이런 사물에 대해 판단을 내리는 것은 무엇인가? 그것은 인간을 인도하고 지배하는 이성이다.

16

이성을 가진 사회적 동물은 자신의 감정에 의존하지 않고 스스로의 의지에 따라 좋아지기도 하고 나빠지기도 한다. 마치 밖으로 드러난 덕이나 악행이 감정의 산물이 아니라 의지의 산물인 것과 마찬가지이다.

17

공중으로 던져진 돌이 아래로 떨어지는 것을 나쁘다고 할 수는 없다.

18

사람들의 마음속 깊은 곳을 꿰뚫어 보라. 그러면 자신이 무엇을 두려워하고 있으며, 그들의 비판이 어떻게 이루어지는지 알 수 있을 것이다.

19

만물은 변화하고 있다. 그대 자신도 끊임없이 변하고 있으며 어떤 부분은 분해되고 있다. 전 우주도 이와 마찬가지로 변화하고 있다.

20

다른 사람의 과오는 그냥 눈감아 주라. 그것이 그대의 의무이다.

21

방해를 받아 어떤 활동이 정지되거나 충동, 의견 등이 단절된다고 해서 거기에 어떤 해악이 존재하는 것은 아니다. 이제 자신의 생애를 생각해 보라. 즉 유년기, 소년기, 장년기, 노년기 등 각 시기의 모든 변화는 일종의 죽음이다. 그런데 그대는 이러한 변화를 두려워했는가?

할아버지 밑에서 생활하던 시절과 부모님 밑에서 생활하던 시절을 생각해 보라. 그것에 어떤 차이점이 있으며 한 시절이 끝나고 다른 시절로 넘어갈 때 어떤 변화가 있었는지 생각해 보라. 거기에 두려움이 있었는가? 마찬가지로 삶이 끝나거나 방해받거나 변화된다고 해도 두려워할 필요는 없는 것이다.

22

그대의 이성과 우주의 이성, 그리고 이웃 사람들의 이성을 생각해 보라. 올바른 행동을 하기 위해서는 그대의 이성을, 우주에서 그대가 자리 잡고 있는 부분을 알기 위해서는 우주의 이성을 알아야만 한다. 그리고 이웃 사람의 행동이 무지로 인한 것인지 아니면 의식적인 것인지를 알기 위해서는, 또한 그들과 그대의 이성이 같은 것인지를 확인하기 위해서는 이웃 사람들의 이성을 알아야만 한다.

23

그대 자신이 사회 조직의 한 구성원인 것처럼 자신의 모든 행동도 사회의 이익에 도움이 되는 것이어야 한다. 행동이 직접적이든 간접적이든 사회가 지향하는 목표와 아무 관계가 없다면 그것은 사회를 혼란시키고 그 통일을 방해하는 행위가 된다. 그것은 마치 어떤 단체에서 다양성을 무시한 채 자기 주장만을 내세워 전체의 분위기를 깨뜨리는 것과 다를 바 없는 것이다.

24

어린아이들의 말다툼과 유희, 그리고 시체를 짊어지고 다니는 가엾은 영혼―이것이 바로 인생이다. 그렇다면 이제 호메로스의 이야기 속에 나오는 유령의 의미가 한층 더 실감이 날 것이다.

25

어떤 사물의 형상적 성질을 고찰하려면 우선 그 형태와 물질을 완전히 분리시키고 그 근본 속성을 파악하라. 다음에는 ㄱ 사물이 얼마만큼 지속될 수 있는가를 측정해 보라.

26

지배적 능력에 따라 마땅히 해야 할 일을 하고 있음에도 불구하고 그것으로 만족해하지 않기 때문에 그대는 무수한 고통을 겪고 있다. 그러나 아직 늦지 않았다. 앞으로는 현실에 만족하고 생활해 나가면 되는 것이다.

27

비난하고 증오하는 사람들의 영혼에 접근하여 그 속마음을 살펴보고 그들이 어떠한 사람인지 알아보라. 그러면 그들이 그대를 어떻게 평가

하든 전혀 문제시할 필요가 없다는 것을 깨달을 것이다. 그러나 그들이 보잘것없는 영혼의 소유자라고 해서 적대심을 품거나 얕보아서는 안 된다. 왜냐하면 친구이며 이웃인 그들을 변함없이 관대하게 포용하는 것은 의무이기 때문이다. 그리고 신들도 꿈이나 신탁(神託)을 통해 그들이 가치있다고 생각하는 것들이 성취될 수 있도록 돕고 있다.

28

우주의 주기적 운동은 예나 지금이나 변함이 없다. 그리고 우주의 이성이 개별적인 결과를 만들어 내면서 움직인다면, 만약 이것이 사실이라 할지라도 그 운동의 결과에 만족해야만 한다. 아니라면 우주의 이성은 단 한 번 움직이고 그밖의 모든 일은 어떤 인과 관계로 말미암아 생겨날 뿐이며, 이와 같이 갖가지 사건에 의해 또 다른 사건이 일어나는 것이다.

다시 말해서 만물은 각각 독립된 존재이거나 아니면 따로따로 분리될 수 없는 전체이다. 만약 그 전체에 신이 존재한다면 모든 것은 순조롭게 진행된다. 그러나 만약 이 우주를 우연이 지배하고 있다면 그 지배에 따를 필요가 없다. 머지않아 시체로 변한 우리의 육체 위에 흙이 덮일 것이다. 그러나 때가 되면 그 흙은 다른 것으로 변할 것이며 그것은 또다시 다른 것으로 변한다.

이러한 변화는 이 세상이 멸망하지 않는 한 영원히 계속될 것이다. 파도가 밀려와 순식간에 모든 것을 휩쓸어 가듯 끊임없는 변화와 변형을 생각하라. 모든 것이 얼마나 신속하게 사라지고 마는가!

29

우주 생성의 원인은 마치 범람하는 강물과 같이 모든 것을 휩쓸어 간다. 그 속에서 정치에 열을 올리며, 철학을 토대로 행동하고 있다고 자만하는 가련한 소인배들! 모두 철없는 소리를 지껄이는 바보에 지나지 않는다. 그렇다면 인간은 무엇이며 무슨 일을 해야 하는가? 지금 자연이 요구하고 있는 것을 수행하라. 가능한 한 최대의 능력을 발휘하고 다른 사람의 인정을 받기 위해 두리번거리지 말라. 그리고 이 세상이 플라톤의 이상 국가가 아닌 것을 못마땅하게 생각지 말라. 아무리 사소한 일이라도 순조롭게 진행되면 그것으로 만족하고, 작은 일이라도 얕보지 말라. 도대체 누가 그대의 신념을 바꾸어 놓을 수 있겠는가! 신념의 변화가 없는 이상 속으로는 잔뜩 불만을 품고 있으면서도 순종하는 척하는 노예와 같은 인간만이 있을 뿐이다.

자, 이제 내게 알렉산더와 필리포스(Philippos), 팔레론(Phaleron)의 데메트리우스(Demetrius)에 관한 이야기를 들려 다오. 그들이 보편적인 본성이 요구하는 것을 알고 그것에 따라 수양을 했는지는 내가 상관할 문제가 아니다. 그러나 만약 그들의 행동이 인생이라는 거대한 무대에서 단지 한 배역에 불과했다면 그들을 모방한다고 해서 나를 비난할 사람은 아무도 없을 것이다. 철학이란 단순하고 겸손한 것이다. 나를 교만과 허세로 유혹하지 말라.

30

수많은 인간들, 무수한 종교적 의식, 폭풍우와 맑은 날을 가리지 않는 계속되는 항해, 태어나서 함께 살다가 사라져 버리는 사람들의 천태만상을 높은 곳에서 내려다보라. 그리고 이미 지나간 세대의 생활과 당신이 죽은 후에 태어나 살아갈 사람들의 생활, 현재 살아가고 있는 무지한 인간들의 생활을 생각해 보라.

그대의 이름, 아니 그대가 존재한다는 사실조차 모르고 있는 그 수많은 사람들! 그리고 설사 그대를 알고 찬양하고 있을지라도 그들은 얼마나 빠르게 망각의 늪 속으로 빠져들고 있는가. 이런 속에서 다른 사람의 찬양이나 또는 후세까지 이름이 길이 남기를 바라는 것은 모두 덧없는 소원에 지나지 않는다는 사실을 명심하라.

31

외부로부터 고통을 받는다고 해도 동요되지 말라. 그러나 내부의 원인으로 일어난 일은 정의에 따라 대처해야만 된다. 즉 모든 행동이나 생각은 공공의 이익에 공헌하는 것이어야 한다. 그것이 바로 본성에 적합한 것이기 때문이다.

32

여러 가지 불필요한 고민의 싹은 제거해 버릴 수 있다. 왜냐하면 이러한 것들은 전적으로 생각에 달려 있기 때문이다. 마음속에 깃들여 있는 온 우주를 이해하고, 영원한 시간을 관조하며, 모든 사물의 신속한 변화를 생각하라.

태어나서 죽을 때까지의 시간이 얼마나 짧으며 태어나기 전의 시간과 소멸 이후의 시간이 얼마나 무한하고 끝이 없는가를 상기하라. 그렇게 하면 여유를 가질 수 있을 것이다.

33

현재 눈앞에 있는 모든 사물은 곧 사라져 버리고 이러한 소멸을 바라보고 있던 사람도 순식간에 사라져 버릴 것이다. 그렇다면 장수한 사람과 요절한 사람 사이에 어떤 차이가 있는가?

34

주위에 있는 사람들의 지배적 원리를 한번 생각해 보라. 그들은 어떤 종류의 일에 열중하고 있으며, 가장 좋아하고 가치 있다고 생각하는 것은 무엇이며 또 그 이유는 무엇인가? 그들 영혼의 벌거벗은 모습을 보고 있다고 상상해 보라. 아직까지도 그들이 칭찬으로 인해 용기를 얻고, 비난으로 상처를 입는다고 생각한다면, 이 얼마나 엄청난 착각인가!

35

상실이란 곧 변화이다. 그리고 우주의 본성은 변화를 좋아한다. 우주의 생성 이래 모든 것은 자연의 뜻에 따라 오늘날과 같은 상태를 되풀이하여 왔으며, 앞으로도 변함없이 같은 일을 되풀이할 것이다.

그래도 그대는 이렇게 말할 수 있겠는가? 이 세상의 모든 일은 악이며, 많은 신들이 이러한 사태를 바로잡기 위해 노력했으나 헛된 것이었으며, 세계는 끊임없이 악에 시달리도록 저주받았다고.

36

반드시 부패되도록 운명지어진 모든 물질은 증기, 먼지, 뼈, 오물로부터 생긴 것이다. 값진 대리석은 흙이 응고된 것이며, 금과 은은 흙의 침

전물이며, 의복은 한줌의 털로 짜여진 것이며, 자줏빛 염료는 피로 만들어진 것이며, 그밖의 모든 것도 예외는 아니다. 우리들의 호흡도 이와 같이 이것에서 저것으로 변화한다.

37

비참한 삶, 불평과 불만, 원숭이 같은 잔재주―이것이 바로 인생이다. 그런데 무엇 때문에 마음을 어지럽히는가? 이 세상 어디에도 새로이 일어나는 것은 없다. 그렇다면 무엇이 그대를 불안하게 하는가? 사물의 형상인가, 아니면 질료(質料)인가? 잘 살펴보라. 얼마 지나지 않아 사라져 버릴 형상과 질료 이외에는 아무것도 없다. 따라서 이제는 신 앞에서도 부끄러움이 없도록 남은 생애를 소박하고 선량하게 살아가라.

3년을 살든 1백 년을 살든 결국 배워야 할 교훈은 동일한 것이 아니겠는가?

38

어떤 사람이든 잘못을 저지르면 자신에게 해가 있을 뿐이다. 그러나 어쩌면 그는 잘못을 저지르지 않았을지도 모르는 일이다.

39

만물은 유일한 이성적 근원으로부터 생겨나 끊임없이 변화하다가 결국은 어느 한 곳으로 귀착된다. 그러나 그 안에서 어떤 일이 발생하든 불평해서는 안 된다. 왜냐하면 일어나는 모든 일은 전체의 이익을 위한 것이기 때문이다.

만약 이 우주가 단지 원자의 무질서한 집합체라면 거기에는 오직 혼합과 분산과 우연만이 있을 것이다. 그렇다면 당신은 무엇 때문에 마음의 동요를 느끼는가? 당신을 인도하는 이성에게 말하라.

"이성이여, 그대는 죽었는가? 부패되었는가? 그대가 나를 인도하는 것이 아니었던가? 그대는 한낱 들짐승 같은 존재가 되어 짐승떼와 같이 풀을 뜯고 있는가?"

40

신들은 절대적인 능력이 있거나 없거나 둘 중의 하나이다. 만약 신들에게 능력이 없다면 무엇 때문에 기도를 하는가? 만약 신들에게 능력이 있다면 무엇을 해달라고 애걸하거나 원하는 것을 소유할 수 있도록 도와 달라고 기도하기보다는, 어떤 일이 일어나도 두려워하지 않는 힘을, 그리고 욕망을 억제할 수 있는 힘을 달라고 기도하라. 신들이 인간을 돕는다면 그들은 반드시 후자의 방법을 선택할 것이다. 그렇게 되면 이렇게 말할지도 모른다.

"그런 식의 기도문이라면 모두 내 스스로 할 수 있는 일이 아닌가?"

그렇다. 분명히 그대 힘으로 가능한 일이다. 그러므로 노예와 같이 비굴한 태도로 불가능한 것을 요구하는 것보다는 자유롭게 능력을 활용하는 편이 훨씬 더 좋다. 그리고 신은 우리 인간의 능력으로 할 수 있는 일에 대해서는 결코 도움을 주지 않는다.

소유하고 싶은 것이 있으면 다음과 같이 기도하라. 그러면 원하는 것을 얻게 될 것이다. 어떤 사람이 "저 여자와 동침할 수 있도록 도와주십시오."라고 기도할 때 당신은 "저 여자와 동침하려는 욕망을 억제할 힘

을 주십시오."라고 기도하라. 또 다른 사람이 "이 상태에서 벗어날 수 있
도록 도와주십시오."라고 기도할 때 당신은 "이 상태에서 벗어나려는 나
의 욕망을 제거해 주십시오."라고 기도하라. 또 누군가가 "내 가엾은 아
이를 죽음으로부터 구원해 주십시오."라고 기도하면, 당신은 "아이가 죽
음을 두려워하지 않도록 용기를 주십시오."라고 기도하라.

41

에피쿠로스(Epikuros)는 말한다.

"내가 병들어 누워 있을 때 나는 육신의 고통에 대해 호소한 적이 없
다. 나에게 문병을 온 사람들에게도 그런 이야기를 결코 하지 않았으며
오히려 예전처럼 사물의 본성과 자연의 원리에 대하여 계속 토론했다.
특히 나는 어떻게 하면 인간의 정신이 가냘픈 육체 속에서 이루어지는
운동(병)에 관여하면서도 동요하지 않고 그 고유의 선을 추구할 수 있는
가 하는 문제에 중점을 두었다."

그는 계속 말을 잇는다.

"그리고 나는 의사들에게 마치 위대한 일이나 하는 것처럼 심각한 표
정을 지을 기회도 주지 않았다. 나의 행동은 평상시와 조금도 다름이 없
었으며 병들기 전과 마찬가지로 행동하고 즐거웠다."

만약 병에 걸리거나 그밖에 어떤 곤경에 처하게 되면 에피쿠로스의 행
동을 본받도록 하라. 사소한 일 때문에 철학을 멀리하지 말라. 무지한 사
람이나 자연을 잘 모르는 사람들의 쓸데없는 대화에 참여하지 말라는 것
은 모든 학파에 공통된 원칙이다. 오로지 현재 하고 있는 것과, 그 일을
잘 이행하기 위한 수단에만 유의하라.

42

어떤 사람의 몰상식한 행동 때문에 화가 났을 때는 즉시 다음과 같이 스스로에게 물어보라.

"무례한 자가 존재하지 않는 세계가 있을 수 있을까?"

그것은 불가능하다. 염치 없는 자 또한 이 세상에 필연적으로 존재해야 될 사람 중의 하나이기 때문이다. 그러므로 불가능한 것을 요구하지 말라.

악한이나 신의 없는 사람, 그밖의 불성실한 사람을 대할 때마다 그러한 사람도 언제 어느 곳에나 항상 존재하기 마련이라는 사실을 상기하라. 그렇게 생각하면 그들에게 좀더 관대한 태도를 취할 수 있을 것이다. 또한 그러한 사람을 만날 때마다 자연은 우리에게 악행뿐만 아니라 그와 상반되는 미덕도 주었다는 사실을 생각한다면 많은 도움이 된다. 자연은 인간에게 몰상식한 사람에 대한 해독제로서 친절을, 그리고 어리석은 사람에 대한 해독제로서 관용을 주었다. 그대는 빗나간 사람을 잘 타일러서 바로잡아 줄 수 있다. 그들은 잠시 자신의 진정한 목적을 망각했기 때문에 그와 같은 잘못을 저지르게 되었던 것이다.

그런데 그대는 그들로 인해 어떤 피해를 입었는가? 그대를 화나게 만든 사람 중에서 아무도 그대의 본성을 해롭게 한 사람을 찾아낼 수 없을 것이다. 만약 그들 때문에 피해를 입었다고 생각한다면 그것은 잘못된 판단이며, 따라서 잘못은 자신에게 있다는 사실을 명심하라. 교양이 없는 사람이 몰상식한 행동을 했다면 그것은 오히려 당연한 일이다. 그대는 상대방이 어떤 행동을 할 것인가를 미리 예측할 수 있었다. 그럼에도 불구하고 그것을 잊고 있었기 때문에 그들의 행동에 당황한 것이다.

어떤 사람을 믿을 수 없다거나 배은망덕한 사람이라고 비난할 경우에는 우선 자신부터 반성하라. 왜냐하면 상대방이 신용을 지킬 것이라 믿은 것도, 또 그들에게 친절을 베풀고 그 보답을 기대한 것도 자신이기 때문이다.

일단 어떤 사람에게 친절을 베풀거나 도움을 주었다면 그것으로 만족하라. 그 이상 무엇을 더 원하겠는가? 본성에 따라 좋은 일을 했다면 그것으로 충분하다. 대가를 바라는 것은 마치 눈이 본다고 해서 대가를, 발이 걷는다고 해서 대가를 요구하는 것과 다름이 없다. 모든 존재하는 것들은 일정한 목적을 위해 만들어졌으며, 그 본래의 목적에 맞게 행동하는 것이 당연한 의무이다. 인간은 자기의 동료들에게 친절을 베풀거나 봉사하도록 창조되었다. 그러므로 남에게 친절을 베풀거나 공공의 이익에 공헌하였을 때 인간은 비로소 자기의 본분을 다한 것이며 또한 보상을 받은 것이라고 할 수 있다.

제 10권

1

오, 나의 영혼이여, 그대는 선량하고 단순하며 주어
진 모든 것을 기꺼이 받아들인다. 그대의 순수한 눈은
그대를 둘러싸고 있는 육체의 눈보다 더욱 적나라하게 사물을 꿰뚫어
본다. 그대에게는 사랑이 넘치는 자애로운 마음이 있다.

그대는 만족으로 가득 차 있어 더 이상 아무것도 원하지 않는다. 쾌락
을 즐기기 위하여 생명체나 재물을 탐하지 않으며 지나치게 오래 살기
를 바라지도 않는다. 특히 일신의 즐거움을 위해 쾌적한 환경이나 적당
한 기후, 그리고 마음에 맞는 사람만을 열망하지도 않는다. 그대는 현재
의 상태에 만족하고, 소유하고 있는 모든 것에서 즐거움을 찾는다.

그대에게 주어진 것은 모두 신으로부터 온 것이며 모두 그대를 위해
존재한다고 생각한다. 신이 선이라고 생각하는 것은 그대 또한 저항없
이 선한 것으로 받아들인다. 만물은 가장 선하고 가장 공정하고 가장 아
름다운 것, 즉 살아 있는 우주의 안전과 이익을 위해 그 뜻에 따르고 있
다는 사실을 알고 있다. 신은 모든 것에 생명을 불어넣고 유지하고, 이
것이 분해되면 다시 동일한 것으로 만들어 내기 위해 만물을 보호한다
는 사실을 깨닫고 있다. 그대는 신과 인간이 더불어 생활하기에 적합하

며, 신에게 일말의 불만도 없고, 신 역시 그대에게 단 한마디의 비난도 하지 않는다.

2

대자연의 지배를 받고 있는 이상 본성이 무엇을 요구하고 있는지 잘 관찰하라. 그리고 한 생명체인 자신이 손상될 우려가 없는 한 언제나 본성의 요구를 순순히 받아들이라. 그 다음에 유의해야 할 것은 자신의 요구가 무엇인지 파악하는 일이다. 그 요구 때문에 이성적 본성이 해를 입을 염려가 없다면 그것을 그대로 받아들여라. 다른 것에 헛된 노력을 하지 말고 위의 규칙을 준수하라.

3

어떤 일이 발생하더라도 결코 당황하거나 불평하지 말라. 자연이 그대를 위해 미리 마련해 놓은 일이든 아니든 간에 자연은 참을 수 있는 능력을 주었다. 그러나 도저히 참을 수 없을 것 같은 일이 일어나더라도 결코 화를 내서는 안 된다. 분노는 결국 자기 자신을 소모시킬 뿐이다.

모든 것은 생각 여하에 따라 달라진다. 어떤 일이든 유익하며 그것을 참고 견디는 것이 의무라고 생각하라. 그리고 실제로 자연은 그대에게 인내할 수 있는 능력을 주었다.

4

어떤 사람이 실수를 하면 친절하게 타이르고 그의 잘못을 지적해 주어라. 그가 충고를 기쁘게 받아들이지 않는 경우에도 상대방을 탓하지 말고 자신을 책망하라. 결코 다른 사람을 원망해서는 안 된다.

5

어떤 일이 발생하더라도 그것은 이 우주가 생성될 당시부터 이미 준비된 것이다. 그리고 여러 가지 원인들이 서로 관련을 맺으면서, 아득히 먼 옛날부터 그대에게 일어나는 사소한 문제까지 만들어 오고 있었음을 명심하라.

6

우주가 원자들의 무질서한 집합이든 신의 섭리에 따라 존재하는 질서 정연한 조직이든 두 가지 사실을 확신해야 한다.

첫째, 나는 자연이 지배하는 전체의 일부분이며 둘째, 나는 나의 동류들과 뗄래야 뗄 수 없는 관계를 맺고 있다는 사실을 깨달아야 한다.

인간이 자연의 일부분인 이상 나는 자연이 나에게 부여한 일에 불만을 품어서는 안 된다. 왜냐하면 우주라는 전체에 유익한 것이라면 부분에 대해서도 해가 되지 않기 때문이다. 이 원칙은 자연의 모든 조직에 적용되는 것이다. 그리고 우주의 본성은 외적인 원인 때문에 자신에게 해로운 일을 억지로 받아들이는 법이 없다.

나는 이러한 우주의 일부분이다. 그러므로 나는 이 세상에서 일어나는 어떠한 일도 즐겁게 받아들일 수 있다. 또한 내가 나의 동류들과 밀접한 유대 관계를 맺고 있는 이상 나는 결코 반사회적인 행동을 하지 않을 것이며, 오히려 공공의 이익을 위해 적극 노력하고 이에 위배되는 일은 멀리할 것이다.

언제나 이와 같은 마음가짐으로 모든 일을 처리하면 인생은 반드시 행복해질 것이다. 그것은 마치 동료 시민들을 위해 계속 봉사하고 국가가 어떤 일을 맡기더라도 그것을 기꺼이 받아들이는 시민의 생활이 행복한 것과 같다.

7

이 세상의 모든 것, 즉 우주에 포함되어 있는 모든 사물은 필연적으로 소멸되고 만다. 이때의 소멸은 변화한다는 뜻이다. 만약 이와 같은 필연적인 변화가 악이라면 이 우주는 순조롭게 좋은 상태를 유지할 수 없을 것이다. 왜냐하면 각 부분은 끊임없이 변화하고 여러 가지 방법으로 소멸되도록 운명지워져 있기 때문이다. 이러한 부분이 변화하여 소멸된다면 어떻게 우주가 순조롭게 유지될 수 있겠는가?

그렇다면 자연은 고의적으로 자신의 일부분인 각 부분에 해를 끼치고 악을 저지르게 하고, 필연적으로 파멸의 길로 인도하는 것인가? 아니면 자연 스스로도 그런 일이 일어날 것이라는 사실을 모르고 있는 것인가? 이와 같은 가정은 믿을 수가 없다. 이번에는 자연 그 자체를 완전히 무시하고 모든 일은 창조의 질서에 의해 일어나는 자연스런 현상이라고 가정해 보자. 그러나 이것은 문제의 핵심에서 너무나 동떨어진 가정일 뿐이다. 왜냐하면 전체의 각 부분은 반드시 변화하도록 되어 있다고 생각하면서 막상 그런 현상이 벌어지면 그 변화가 자연에 위배되는 일인 것처럼 당황하고 안절부절못하는 것은 매우 큰 모순이기 때문이다.

그러므로 만약 사물의 분해가 나를 구성하고 있는 원소들의 단순한 흩어짐에 불과하다면, 거친 입자(고체 또는 육체)는 흙의 형태로 변할 것이며 호흡은 공기의 형태로 변할 것이다. 그러한 변화의 과정을 거친 후에 모든 것은 우주의 본체 속으로 되돌아가며 우주는 그것들을 재료로 삼아 다시 새로운 것을 만들어 낼 수 있는 것이다. 그 변화가 불에 의한 주기적인 생성이든 소멸의 과정이든, 또는 끊임없는 변화를 통해 계속 새로움을 유지하는 것이든 마찬가지이다.

그러나 이들 입자들이 신성한 것이든 유치한 것이든 우리가 태어날 때 받아들인 것과 반드시 일치해야 된다고는 생각지 말라. 왜냐하면 나는 어제 또는 그저께 섭취한 음식이나 수없이 들이마신 공기로 인해 언제나 아주 쉽게 변할 수 있기 때문이다. 그러므로 변화하는 것은 나중에 흡수한 것일 뿐 당신이 태어날 때 어머니에게서 받은 물질이 변화되는 것은 아니다. 그것은 태곳적부터 존재해 온 보다 근본적인 물질의 변화인 것이다. 우주에 존재하는 모든 사물이 변화하고 소멸되는 것이 우주의 본성임을 항상 명심하라.

8

다른 사람들로부터 선량하고 겸손하고 사려 깊고 침착하고 도량이 넓은 사람이라는 칭찬을 받았을 때는, 그런 칭찬에 부끄럽지 않도록 신중하게 행동하라. 그리고 그러한 찬양을 상실하는 경우에는 서둘러 그것을 다시 회복하도록 노력하라.

'사려 깊다'는 말은 모든 사물을 세밀하게 관찰하여 결코 경솔하게 판단하는 법이 없다는 뜻이다. '침착하다'는 말은 보편적인 본성이 부여하는 모든 것들을 자진해서, 그러나 조심스럽게 받아들인다는 뜻이며, '도량이 넓다'는 말은 쾌락이나 고통을 느끼는 육체의 감각에 마음이 움직이지 않고 명성, 죽음 등 정신을 교란시키는 것들을 하찮은 것으로 치부하는 고매한 지성을 뜻한다. 이 모든 미덕을 가꾸고 유지하도록 노력하라. 만약 다른 사람들로부터 좋은 평판을 받기 위해 무리하게 행동하지 않고 오직 이성적으로 이러한 평판을 얻고 잘 유지해 나간다면, 전혀 다른 사람이 되어 새로운 삶을 시작하게 될 것이다. 고통과 타락에 젖은 이제까지의 생활을 계속하는 것은 어리석고 무기력한 사람들이나 하는 일이다. 그러한 사람은 마치 맹수와의 싸움에서 치명적인 상처를 입고 피로 온몸을 적신 비참한 몰골인데도, 그가 살아 있는 한 앞으로도 오늘과 마찬가지로 만신창이가 되리라는 사실을 뻔히 알면서도 제발 내일까지만 살려달라고 애원하는 검투사와 같다.

그러므로 위에 열거한 몇 가지 평판을 유지하도록 힘쓰라. 만약 그럴 수만 있다면 행복의 섬으로 가는 배에 승선한 것이나 다름없다 그러나 만약 그것을 유지할 만한 능력이 부족하다고 생각될 경우에는 지체하지 말고 자신을 보존할 수 있는 조용한 곳으로 진로를 바꾸어라. 그리고 그럴 만한 능력이 전혀 없다고 판단되면 일시적인 충동이 아니라 자유롭고 단순한 상태에서 겸손하게 이 세상을 떠나라. 적어도 이와 같은 훌륭한 태도만을 보여주고 이 세상을 떠나라.

그러나 이런 미덕을 계속 유지하고 기억하기 위해서는 항상 신을 생각하고 그가 요구하는 것이 무엇인지 파악하는 것이 중요하다. 신은 아첨을 원하지 않으며 이성적 존재인 인간이 자신과 동일한 존재가 되기를 바라고 있다. 무화과나무가 무화과나무의 본분을, 개가 개의 본분을, 꿀벌이 꿀벌의 본분을 다하는 것처럼 인간은 인간답게 자신의 본성을 살려야 한다.

9

주위를 둘러싸고 있는 희극, 전쟁, 공포, 허탈, 비굴함 등 온갖 어리석은 것들이 그대의 신성(神性)을 소멸시키고 있다. 이러한 속에서 해야 할 일은 무엇인가? 주위에서 일어나는 일을 완벽하게 처리할 수 있는 능력을 키우며, 사물의 미세한 부분까지 신중하고 자세히 파악하여 얻은 확신으로 본성을 유지하는 것이 임무이다.

언제나 성실하고 신중하게 행동함으로써 얻을 수 있는 행복을 얻으려고 하는가? 그리고 각각의 사물에 대해 그 실체는 무엇이고 우주에서 어떤 위치를 차지하고 있는가, 얼마나 오랫동안 존재할 수 있으며 또 그 구성 요소는 무엇인가, 누구에게 속해 있으며 이 사물을 주거나 빼앗을 수 있는 사람은 누구인가에 대한 지식을 언제나 얻을 수 있다고 생각하는가?

10

거미가 파리를 잡았을 때 자랑스러워한다. 이와 마찬가지로 어떤 사람은 산토끼를 잡았을 때, 어떤 사람은 그물로 작은 물고기를 잡았을 때, 어떤 사람은 곰을 잡았을 때, 어떤 사람은 사마티아 사람(다뉴브 강가에 살고 있던 야만족인 슬라브 족의 한 종족)을 잡았을 때 매우 자랑스러워한다. 그러나 그들의 의도를 냉철히 생각한다면 모두 강도가 아닌가?

11

만물은 어떻게 변화하고 있는가? 그 과정을 항상 주의 깊게 관찰하고 그 분야의 학문 연구에 끊임없이 매진하라. 도량을 넓히는 데 이보다 더 좋은 방법은 없다. 왜냐하면 인간은 언젠가는 사람을 비롯하여 어떤 것이든 모두 남겨두고 떠나야 한다는 사실을 깨달을 수 있기 때문이다.

그런 사람은 보편적 본성에 순응하며, 정의롭고, 사회의 이익을 위해 전념한다. 그는 다른 사람이 자기를 어떻게 생각하며 무슨 말을 하며 어떠한 비난을 하는지에 대해 공연히 시간을 낭비하지 않는다.

현재 하고 있는 행동이 정의로우며, 주어진 운명에 만족하는 이 두 가지로 충분하다고 생각하고 있다. 그리고 모든 근심, 불만, 야망을 버리고 위의 두 가지 법칙에 따라 똑바로 나아가면 신과 거리를 더욱 좁힐 수 있다는 것 이외에는 아무것도 바라지 않는다.

12

무엇을 해야 할 것인지 정확하게 알아낼 수 있는 능력이 있는데 무엇을 그렇게 주저하고 두려워하는가? 가야 할 길이 뚜렷하게 보이면 망설이지 말고 똑바로 나아가라. 만약 그 길이 확실하게 보이지 않으면 일단 걸음을 멈추고 난 뒤, 훌륭한 조언을 들을 때까지 기다려라. 혹시 뜻하지 않은 방해물이 나타나 앞길을 가로막는다면 사태를 냉정하게 고찰하고, 정의라고 생각되는 길을 따라 소신껏 밀고 나아가라. 정의의 길을 따르는 것이야말로 성공의 비결이다. 왜냐하면 대부분의 경우 정의의 길을 벗어났을 때 실패하게 되기 때문이다.

13

아침에 잠에서 깨어나면 자신에게 물어보라. 다른 사람의 칭찬이나 비난으로 나에게 어떤 변화가 일어날 수 있을까? 아니, 변하지 않는다.

거만한 태도로 다른 사람을 칭찬하거나 비난하는 사람들도 잠을 자고 음식물을 섭취하는 등 그대의 생활과 다름이 없다는 것을 기억하라.

또한 그들의 행동을, 그리고 그들이 추구하는 것은 무엇이며 어떤 일을 꺼리는지 생각하라. 그들은 손이나 발을 이용하지 않고 그들이 소유하고 있는 가장 소중한 부분, 즉 믿음, 겸손, 진실, 법칙 등을 만들어 낼 수 있는 이성을 이용하여 훔치고 강탈하는 것이다.

14

지적이며 겸손한 사람들은 모든 것을 주고 다시 빼앗아 가는 자연에게 "그대가 원하는 것을 주고, 그대가 원하는 것을 거두어 가라."라고 말한다. 그러나 그들은 결코 거만하지 않은 겸손하고 진실한 태도로 이렇게 말하며, 자연에 순종한다.

15

그대에게 부여된 시간은 순간에 지나지 않는다. 그러므로 얼마 남지 않은 여생이나마 마치 깊은 산 속에 묻혀 살아가는 사람처럼 생활하라. 인간은 이 세상의 국가에서 산다면 어느 곳에서 살든지 차이가 없다. 그러므로 다른 사람의 모범이 되어 자연의 법칙에 따라 생활하는 진정한 인간의 모습을 보여 주라.

만약 그들이 그러한 삶의 태도를 탐탁치 않게 여기고 당신을 죽이려고 한다면 그렇게 하도록 허락하라. 그들처럼 사는 것보다는 차라리 죽는 편이 낫기 때문이다.

16

선한 사람이 해야 할 일에 대한 토론으로 더 이상 시간을 소비하지 말라. 이제는 선한 사람이 되어야 할 때인 것이다.

17

영원한 시간과 우주 전체에 대해 끊임없이 생각하라. 모든 개별적인 사물은 전체와 비교할 때 한낱 무화과나무의 열매에 지나지 않으며, 그것이 큰 나무로 자라나는 시간과 영원한 시간을 비교한다면 마치 나사를 한 번 돌리는 정도에 지나지 않는다는 사실을 명심하라.

18

이 세상에 존재하는 모든 사물을 유심히 관찰하라. 그것들은 이미 분해되고 변화하고 있다. 지금 이 순간에도 모든 사물은 부패하고 흩어지고 있다. 그리고 사물은 부패로 말미암아 다시 다른 것으로 만들어져서 존재한다는 사실을 명심하라.

19

먹고 자고 결혼하고 배설하는 사람은 어떠한 존재이며, 그들의 행동은 얼마나 거만하고 무례하고 난폭한가를 생각해 보라. 그들은 지난날 욕망을 달성하기 위해 수많은 사람들에게 노예처럼 굽신거렸던 일을 잊은 채 지금은 너무나 오만 불손하다. 그러나 머지않아 그들이 어떤 상태에 빠질 것인지를 생각하라.

20

우주의 본성이 각 사물에 부여한 것은 그 사물에 조금이라도 도움이 되는 것이다. 그리고 자연이 부여하는 그 시기 또한 알맞은 때이다.

21

대지는 하늘이 내려 주는 소나기를 사랑한다. 그리고 장엄한 하늘 역시 그 소나기를 매우 사랑한다.

—에우리피데스

또한 우주도 반드시 존재해야 할 것만 만들어 내기를 좋아한다. 따라서 나는 우주를 향해 "그대가 사랑하는 것을 나 또한 사랑한다."라고 외치고자 한다. 이것은 결국 무슨 일이 일어나든 사랑할 수 있다는 것과 같은 뜻이 아니겠는가?

22

오래 살아 익숙해진 이 세상에서 계속 살든, 또는 자유롭게 다른 곳으로 떠나려 하든, 모든 의무에서 풀려나는 죽음을 택하든, 그것은 그대의 뜻에 달려 있는 것이다.

이 세 가지 이외의 다른 선택은 없다. 그러므로 매사에 기운을 내라.

23

어떤 곳에 있든 대지의 변화는 항상 가까운 곳에 깃들여 있다는 사실을 명심하라. 현재 머물러 있는 곳이 산꼭대기든, 바닷가든, 그밖의 어떤 장소든 조금도 차이가 없다. 그러므로 플라톤의 생각이 옳다는 것을 깨닫게 될 것이다.

"높은 성벽으로 둘러싸인 도시에 사는 것이나, 깊은 산 속의 목장에서 양떼를 치며 살아가는 목동이나 다름이 없다."

24

지금 나의 지배적 능력은 나에게 어떤 의미를 지니고 있는가? 또 나는 이 능력을 어떤 상태로 만들고 있으며 어떤 목적으로 이용하고 있는가? 나의 이성이 결여되어 있지는 않은가? 사회와의 유대 관계를 모두 끊어 버리고 방황하는 것은 아닌가? 또 보잘것없는 육체 속에 용해되고 뒤섞여서 육체의 욕망에 이리저리 끌려다니지는 않는가?

25

주인 몰래 달아나는 사람은 도망자이다. 그런데 우리의 주인은 바로 법이다. 따라서 법률에 저촉되는 사람은 도망자이다. 그리고 슬퍼하거나 화를 내거나 두려워하는 사람은, 만물의 지배자가 정해 준 과거와 미래, 그리고 현재에 일어나거나 일어났던 자신의 의무에 만족하지 못하는 자이다.

만물이 부여해 준 각각의 운명은 곧 법률이다. 그러므로 자신의 운명을 비관하거나 화를 내거나 두려워하는 사람은 결국 도망자이다.

26

남자는 모태(母胎)에 씨를 뿌리고 떠난다. 그 다음에는 다른 원동력이 그것을 받아들여 어린아이를 탄생시킨다. 이 얼마나 신비로운 일인가! 그리고 그 갓난아이가 목으로 음식물을 삼키면 이번에는 다른 원동력이 그것을 받아들여 감정이나 운동으로 변화시켜 준다. 요컨대 이 원동력에 의해서 생명과 힘, 그밖의 모든 것이 형성되는 것이다.

이 신비한 진행 과정을 유심히 관찰하여 그 원동력이 무엇인지 알아내도록 하라. 비록 그것을 육안으로는 볼 수 없을지라도, 우리가 물체를 떨어뜨리거나 끌어올리는 힘을 깨달을 수 있듯이 분명히 느낄 수 있을 것이다.

27

현재 존재하고 있는 모든 생명체는 과거에도 있었던 것이며, 앞으로도 똑같이 존재할 것의 준비 과정이라는 것을 항상 생각하라. 그대는 수많은 경험과 지난날의 역사를 통해서, 이미 막이 내린 무수한 연극과 무대 장치들이 동일한 형태로 되풀이된 것이라는 사실을 알고 있지 않은가? 예를 들면 하드리아누스의 궁전, 안토니누스의 궁전, 필리포스와 알렉산더, 크로에수스의 궁전 등 이 모든 것들은 지금 우리가 보고 있는 연극과 동일하며, 다른 것은 오직 배우뿐이다.

28

슬퍼하고 불평하는 사람은 마치 강제로 도살장에 끌려가는 소나 돼지가 그 안에 들어가지 않으려고 땅을 차고 비명을 지르는 것과 마찬가지이다. 그리고 홀로 침대에 누워 인간과의 유대 관계를 한탄하는 사람도 마찬가지이다. 이 세상 모든 것 중에서 오직 인간만이 자신에게 일어나는 일을 기꺼이 받아들일 수 있는 능력을 지니고 있다. 어쩔 수 없어 복종하는 것은 인간이 아니라도 할 수 있는 일이다.

29

무슨 일을 하려고 할 때마다 잠시 멈추어 서서 자문해 보라.

'죽으면 이런 일을 못하게 되기 때문에 죽음을 두려워하는 것인가?'라고.

30

다른 사람의 잘못으로 인해 화가 났을 때는 즉시 자신도 그와 같은 잘못을 저지르지 않았는지 스스로 반성해 보라. 자신 역시 부나 쾌락, 명성 등에 집착하고 있었음을 깨닫게 될 것이다. 이와 동시에 상대방이 어쩔 수 없이 잘못을 저질렀다고 이해하게 된다면 분노는 곧 가라앉을 것이다. 만약 다른 방법이 있었다면 그는 잘못을 범하지 않았을 것이다. 할 수만 있다면 가능한 한 빨리 그에게 올바른 방향을 제시해 주도록 하라.

31

소크라테스 학파의 사티론(Satyron)을 보면 에우티케스(Eutyches), 히멘(Hymen)을 생각하고, 에우프라테스(Euphrates)를 보면 에우티키온(Eutychion), 실바누스(Silvanus)를 생각하고, 알키프론(Alciphron)을 보면 트로파에오포루스(Tropaeophorus)를 생각하고, 세베루스(Severus)를 보면 크리토(Crito)나 크세노폰(Xenophon)을 생각하라. 그리고 자신을 볼 때는 다른 황제들을 생각하라. 지금 이 모든 사람들은 어디에 있는가? 그들은 현재 그 어디에도 없으며, 또 그들이 어디 있는지 알고 있는 사람도 아무도 없다.

이렇게 생각한다면 인간사 자체가 허무요, 무(無)라는 사실이 절실하게 실감날 것이다. 그리고 한번 변화한 것은 영원히 되돌아오지 못하는 과거의 추억일 뿐이며, 그 추억조차 머지않아 망각 속으로 묻혀 버리는 것이다. 그렇다면 순간에 지나지 않는 짧은 생애를 왜 평탄하게 보내지 못하고 초조해하고 불평하는가?

철학을 통해 인생의 본질을 발견하도록 하라. 그러면 추구하거나 회피하는 모든 것들이 이성의 연마를 위해 좋은 소재가 된다는 사실을 깨달을 것이다. 이렇듯 특히 피하거나 추구해야 할 것이 없다는 것을 분명히 인식하는 경지에 도달할 때까지 계속 노력하라. 마치 어떠한 음식이든 거뜬히 소화시키는 튼튼한 위처럼, 또는 빨갛게 타오르는 불길이 던져주는 모든 것을 태우면서 더욱 강렬히 타오르는 것처럼.

32

어느 누구에게도 불성실하거나 악랄하다는 인상을 심어 주지 않도록 행동하라. 만약 당신에 대해 이런 생각을 품은 사람이 있다면 즉시 그 생각이 잘못되었음을 알려주어라. 당신에게는 충분히 그럴 만한 능력이 있으며, 어느 누구도 성실하고 고결하게 살아가려는 당신을 방해할 수 없다. 만일 그렇게 살 수 없다면 차라리 죽는 것이 낫다. 당신의 이성도 그처럼 비굴하게 살아가는 것을 바라지는 않을 것이다.

33

그대에게는 이성에 맞게 행동할 수 있는 능력과 자신에게 주어진 것을 쓸모 있게 이용할 수 있는 능력이 있다. 그러므로 방해를 받고 있다는 비겁한 핑계를 대지 말라. 마치 쾌락을 추구하는 자가 사치를 탐내는 것처럼, 주어진 일을 인간의 본성에 따라 행동하는 것이 당연하다고 생각하라. 그렇게 생각하기 전에는 계속 불평만 하게 될 것이다.

실제로 자신의 본성에 따라 할 수 있는 모든 일을 즐거움으로 생각해야 한다. 이것은 장소에 관계없이 어디에서나 가능한 일이다. 그러나 수레바퀴의 경우에는 장소를 가리지 않고 어디에서나 구를 수 있는 특권이 없다. 물이나 불 속에서는 바퀴가 굴러갈 수 없기 때문이다. 이와 같이 장소에 구애를 받는 것은, 이성이 없는 영혼의 지배를 받는 그밖의 것들도 마찬가지다.

그러나 지성이나 이성은 어떤 장애물에도 방해받지 않는다. 이성은 마치 불이 위로 타오르고, 돌이 아래로 떨어지며, 바퀴가 비탈길을 내려가는 것처럼 모든 장벽을 쉽사리 뛰어넘을 수 있음을 명심하라. 앞을 가로막는 모든 방해물들은 단지 시체나 다름없는 육체에만 영향력을 발휘할 수 있을 뿐, 이성 자체가 굴복하지 않는 한 결코 이성을 파괴하거나 해를 입히지는 못한다. 만약 이성이 어떤 장애물에 굴복하여 해를 입는다면 그대는 즉시 악하게 변할 것이다.

대부분의 사물은 반복해서 해를 당하게 되면 상태가 갈수록 나빠져 마침내는 완전히 쓸모없는 것이 된다. 그러나 인간의 이성은 어떠한 장애에도 쉽게 굴하지 않고 오히려 역경을 이용하여 보다 훌륭하고 가치 있는 사람이 될 수 있다.

마지막으로, 국가에 해를 입히지 못하는 것은 시민에게도 해를 입힐 수 없으며, 법에 저촉되지 않는 것은 국가에도 해를 입힐 수 없다는 사실을 명심하라. 사람들이 재난이라고 일컫는 것 또한 법에 해를 입히지 못한다. 그러므로 법을 손상시키지 못하는 것은 결국 그대에게도 해를 입힐 수 없는 것이다.

34

진실한 원리에 투철한 사람은 한 마디 교훈으로도 충분하다. 그들은 아무리 평범한 교훈이라도 그것을 듣고 슬픔이나 두려움에서 벗어나 마음의 평정을 얻게 되는 것이다.

> 나뭇잎은 바람에 흩날려 지상에 떨어진다.
> 인간 또한 흡사 나뭇잎과 같도다.
>
> ─호메로스의 《일리아드》 중에서

나뭇잎은 바로 그대의 아이들이며, 군중과도 같다. 그들은 열광적인 박수 갈채를 보내다가도 금세 돌아서서 비난하고 비웃는다. 그들은 어떤 사람의 명성을 후세에 전하기도 한다. 그러나 이러한 모든 일은 봄이 되면 새싹이 돋아난다는 어떤 시인의 말과 같다. 바람은 묵은 것을 날려 보내고 그 자리에 다른 잎이 돋아나게 한다.

잠시 동안 머물다 사라져 버리는 운명은 만물에게 있어서 공통적인 현상이다. 그럼에도 불구하고 그대는 마치 그것들이 영원히 존재할 것처럼 미워하거나 사랑한다. 얼마 지나지 않아 그대는 영원히 눈을 감을 것이고, 그대의 장례식에 참석하여 눈물짓던 사람들 역시 다른 사람들의 손에 매장될 것이라는 사실을 명심하라.

35

건강한 눈은 있는 그대로의 사물을 보아야 하며, 굳이 초록색만을 보고 싶다고 투정을 부려서는 안 된다. 특정한 것만을 골라서 보는 눈은 병들어 있는 눈과 같다. 건강한 청각과 후각은 어떤 소리나 냄새도 받아들일 수 있는 준비가 되어 있어야 하며, 튼튼한 위는 마치 물레방아가 찧지 못하는 곡식이 없는 것처럼 어떤 음식이든 받아들여 거뜬히 소화시킨다. 이와 마찬가지로 건전한 이성은 모든 일을 적절히 처리할 수 있는 준비를 갖추고 있다.

'제발 나의 귀여운 자식들을 살려 주십시오.' 혹은 '내가 하는 일은 무엇이든 모든 사람들의 칭찬만 받게 해 주십시오.'라고 말하는 것은 마치 눈이 초록색만 찾고 이가 부드러운 음식만 요구하는 것과 같다.

36

임종하는 자리에서 그가 죽는 것을 기뻐하는 사람이 한 사람도 없다면 그는 참으로 행복한 사람이다. 그러나 애석하게도 모든 사람이 슬퍼하는 가운데 임종을 맞이하는 자는 한 사람도 없다. 가령 그가 선량하고 덕망 높은 사람이었다고 하자.

'드디어 그분에게서 해방되어 자유롭게 살 수 있게 되었구나. 물론 그분은 모든 사람에게 친절했지만 그래도 항상 말없이 우리를 책망하는 것 같아 불쾌했었지.'

이렇게 말하는 이가 과연 한 사람도 없다고 장담할 수 있을까? 그러나 이것은 훌륭한 사람의 경우다. 우리처럼 평범한 사람일 경우 우리의 죽음을 기다리고 기뻐하는 사람이 어디 한두 명뿐이겠는가? 그러므로 다음과 같이 생각하면 한결 편안하게 죽음을 맞이할 수 있을 것이다.

'그 동안 나는 사람들에게 조금이라도 도움이 되기 위해 노력하고 기도해 왔다. 그런데 그들 중에는 나의 죽음으로 인해 어떤 조그마한 이익이라도 얻을 수 있지 않을까 하는 생각에서 내가 하루빨리 죽기를 바라는 사람도 있다. 도대체 사람들은 무엇 때문에 이토록 몰인정한 세상에 집착하여 더 오래 살기를 바라는 것일까?'

그러나 그렇다고 해서 친구들에게 불친절하게 대해서는 안 된다. 이제까지와 마찬가지로 관대하고 친절하고 따뜻하게 대하라. 그렇지만 그들과의 이별을 너무 슬퍼하지는 말라. 이제 자신의 할 일을 다 했다는 홀가분하고 평온한 마음으로 이 세상과 작별하라. 자연은 그들과 인연을 맺어주고 사귀도록 해주었으나 이제는 그 인연을 끊으라고 한다.

나는 지금 가깝게 지내던 사람들과 헤어져야 한다. 그러나 그것은 강요 때문이 아니며, 평안한 마음으로 스스로 떠나가는 것이다. 죽음이란 단지 자연의 한 과정이기 때문이다.

37

다른 사람의 행동을 대할 때마다 다음과 같이 스스로 묻는 습관을 길러라.

'이 사람은 무슨 목적으로 이런 행동을 했을까?'

그러나 우선 자신의 행동부터 살펴본 후에 질문을 하라.

38

　당신을 조종하고 있는 것은 마음속 깊은 곳에 숨어 있는 힘이다. 그것은 설득의 힘이고, 생명이며, 더 나아가 바로 그대 자신이다. 그러나 자신을 관조할 때 영혼을 담고 있는 그릇(육체)과 그 주위에 붙어 있는 도구를 혼동하지 말라. 그것은 잠시 육체에 머물러 있을 뿐이다. 만약 육체를 움직이고 저지하는 그 원동력이 없다면 육체는 단지 목수가 사용하는 도구에 지나지 않는다.

제 11권

1

이성적인 영혼의 특징은 다음과 같다. 즉 영혼은 자기 자신을 알고 자신을 분석하며 원하는 대로 자신을 바꿀 수 있고, 자신이 성취한 결과를 스스로 수확하며―그 반대로 식물의 과일이나 가축이 생산해 낸 것은 사람이 수확한다―생애의 종말이 언제 닥치든 개의치 않고 자신의 목적을 달성한다.

연극이나 무용 등은 갑자기 중단될 경우 그 동작 전체가 불완전해지지만, 이성적 영혼은 언제 중단되더라도 자신의 일을 수행할 수 있다. 그렇기 때문에 영혼은 "나는 내가 바라는 모든 것을 소유하고 있다."라고 말한다. 또한 영혼은 온 우주와 그것을 둘러싼 공간을 마음대로 왕래하면서 영원의 끝까지 도달할 수 있어 만물의 반복되는 창조 과정의 순환을 이해하며 깨달을 수 있다. 즉 영혼은 후세 사람들이라고 해서 우리가 보지 못한 어떤 새로운 것을 보는 것은 아니며, 우리의 앞 세대 사람들이라고 해서 훨씬 더 많은 것을 경험한 것은 아니다.

그러므로 40세가 되어 어느 정도 경험을 쌓았다면 그는 과거에 일어났고 또 앞으로도 일어날 모든 일을 본 것이나 마찬가지다. 왜냐하면 만물은 동일한 법칙의 지배를 받기 때문이다. 마지막으로 이성적 영혼은 이웃과 진리와 겸손을 사랑하고 무엇보다도 자기 자신과 우주의 법칙을 존중한다. 그러므로 올바른 이성이란 정의의 관념과 전혀 차이가 없는 것이다.

2

흥겨운 노래와 춤, 운동 경기 등에 마음을 빼앗길 필요가 없다. 그것 들이 그대를 유혹한다면 노래의 화음을 개별적으로 분리해 놓고 '과연 이런 소리들이 나를 매혹시킬 수 있을까?' 하고 스스로에게 물어보라. 또 춤이나 운동 경기도 이와 마찬가지로 모든 동작을 하나하나 분리시 켜 보라. 그대를 유혹하는 모든 것들에게 이 방법을 적용시켜 보라. 분 명히 당신은 그것들을 경멸하게 될 것이다. 우리는 미덕과 덕행을 위해 하찮은 문제로 소비되는 정력을 아끼지 않으면 안 된다. 사물의 본질을 분리시켜 보면 인생의 참다운 지혜를 얻게 된다.

3

비록 지금 당장 죽음의 순간이 닥쳐오더라도 당황하지 않고 이를 감 당해 낼 준비가 되어 있는 영혼은 얼마나 행복한가? 그러나 이러한 준비 는 기독교인의 경우와 같이 단순한 고집이 아니라 자기 자신의 판단에 의한 것이어야 한다. 또한 그것은 남에게 과시하려는 영웅심이 아닌 신 중하고 진지한 태도에서 우러나오는 것이어야 한다.

4

나는 공공의 이익을 위하여 어떤 노력을 했는가? 만약 그런 노력을 했다면 나는 이미 충분한 대가를 받은 것과 같다. 이와 같은 생각을 항상 마음속에 간직하고, 잠시도 선행을 멈추지 말라.

5

그대가 해야 할 일은 무엇인가? 그것은 착한 사람이 되는 것이다. 그런데도 우주의 본성이나 인간의 고유한 본질을 무시한다면 어떻게 착한 사람이 될 수 있겠는가?

6

처음에 연극은 이 세상에서 일어나는 비극적인 사건들을 사람들에게 상기시키기 위한 수단으로 무대에 올려졌다. 그런 연극은 우리에게 비극이 자연에 따라 일어나는 필연적인 사건임을 일깨워 주었다. 우리는 슬픈 연극을 보더라도 결국에는 일종의 기쁨을 맛보게 된다. 그러므로 무대 위에서 공연되었을 때 기쁨을 준 것이 보다 넓은 무대(인생)에서 실제로 일어나더라도 괴로워해서는 안 된다는 사실을 깨달아야 한다.

지금까지 감상했던 수많은 연극의 주인공들을 보라. 그들은 피할 수 없는 비극적 숙명을 타고났는데도 여전히 자신의 운명을 잘 헤쳐나가고 있지 않은가? 고뇌에 찬 표정으로 "오, 키타에론(Citaeron : 소포클레스의 《오이디푸스 왕》에 나오는 산)!" 하고 외치는 사람조차 묵묵히 그것을 참고 견딘다. 그리고 비극 작가들은 참으로 좋은 말을 많이 남겨 놓았다.

예를 들면 "신께서 나와 나의 자손들을 돌보지 않는다면, 거기에는 반드시 그럴 만한 이유가 있을 것이다." 또는 "어떠한 일이 일어나더라도 너무 슬퍼하거나 괴로워하지 말라." 또는 "벼가 익어 고개를 숙이면 거뒤들이는 것처럼 우리의 삶도 수확해야 한다."

이밖에도 수많은 격언이 있다.

비극 시대가 지나가고 고대 희극이 연출되었다. 희극은 자유분방하고 솔직한 표현으로 자칫 교만에 물들기 쉬운 사람들의 마음을 환기시켜 주었다. 이러한 목적을 위해 디오게네스도 희극을 모방했다.

그후에 소개된 중기 희극과 후기 희극에 대해서는, 그 희극이 어떠한 것이며 무엇을 목적으로 공연되었는지 주목할 필요가 있다. 그 새로운 희극들은 점차 쇠퇴하여 단순한 모방적 기교로 타락하고 말았다. 물론 이들 중기와 후기의 희극 작가들도 약간의 좋은 말을 남겼다. 그런데 그러한 시나 연출은 과연 어떤 효과를 노리고 있었던 것일까?

7

철학을 하는 데 있어서 그대가 현재 처해 있는 상황에서 발견할 수 있는 것보다 더 훌륭한 재료는 없다. 이것은 명백한 사실이다.

8

나뭇가지를 잘라내면 그것은 옆의 나뭇가지와 분리될 뿐만 아니라 나무 전체에서 떨어지게 된다. 이와 마찬가지로 사람도 다른 사람에게 등을 돌릴 때 사회 전체로부터 격리된다. 그러나 나뭇가지는 그 자신의 의지가 아닌 외부의 힘에 의해 억지로 분리되지만, 인간은 자신의 증오와 혐오감 때문에 이웃에게서 소외된다. 하지만 그는 자신의 행동 때문에 사회 전체로부터 격리된다는 사실을 알지 못한다.

그러나 그는 여전히 제우스가 부여한 특권을 지니고 있다. 즉 그에게는 이웃과 협력하며 다시 전체라는 하나의 완성을 돕는 일부분으로 돌아갈 수 있는 능력이 있는 것이다. 하지만 이러한 격리가 자주 되풀이되면 재결합할 수 있는 능력은 점차 약화되고 만다. 그것은 처음부터 나무와 함께 성장하고 호흡해 온 가지와 한번 떨어져 나간 다음 다시 접목된 가지는 같을 수 없는 것과 마찬가지다. 접목시킨 가지는 나무의 한부분이 되지만 나무와 동일한 마음을 갖지는 못한다고 정원사는 말한다.

9

그대가 올바른 이성의 길을 따라 나아가는 것을 다른 사람들이 방해하더라도 그들은 결코 그대를 본래의 행동으로부터 벗어나게 할 수는 없다. 그러나 그들에게 관용을 잃지 않도록 하라. 확고한 결심과 단호한 대도로 나아갈 뿐만 아니라, 방해하고 고통을 주려는 사람들에게도 항상 부드럽고 친절하게 대하라. 그들에게 화를 내는 것은 두려워한다는 증거이며, 앞으로 나아가야 할 길에서 물러서는 것은 그들의 위협에 굴복했다는 증거다. 어떠한 경우라도 그것은 의무를 포기하는 용납될 수 없는 행위다. 전자는 자신의 동류들을 멀리하려는 것이며, 후자는 용기가 부족한 사람이다.

10

인위적인 것은 자연의 본성을 모방한 것에 지나지 않는다. 그러므로 자연이 만들어 놓은 모든 것은 인공적인 것보다 훨씬 뛰어나다. 가장 완전하며 모든 것을 포괄하는 자연이 인간의 기술에 뒤질 리가 없다. 모든 기술이 열등한 것을 만들어 내는 것은 보다 뛰어난 것을 만들기 위해서

다. 자연의 방식도 이와 마찬가지다. 우리가 만약 보잘것없는 것에 마음을 빼앗기거나 경솔하며 쉽게 변덕을 부린다면 결코 진정한 정의는 유지되지 않을 것이다. 왜냐하면 이러한 감정은 보다 열등한 것이며, 모든 미덕은 정의에서 비롯되기 때문이다.

11

사물이 그대에게 다가오지 않고, 이러한 사물에 대한 회피나 추구로 인해 마음이 초조해지면 화를 내지 말고 그쪽으로 다가가라. 언제나 그들이 먼저 문제를 일으키는 법은 없다. 그들에 대해 아무 판단도 내리지 않는다면 그쪽도 조용히 머물러 있을 것이다. 그러면 자신도 모르는 사이에 그것들을 추구하거나 회피하던 마음이 사라질 것이다.

12

어떤 대상을 무리하게 추구하거나 그것을 피하려고 위축되지 않을 때, 영혼은 가장 완벽한 원형을 이룬다. 영혼이 분산되거나 가라앉지 않고 단지 진리를 보는 빛을 통하여 만물의 참모습과 자신의 참모습을 바라볼 때, 영혼은 가장 완전한 형태를 유지하는 것이다.

13

어떤 사람이 나를 경멸하더라도 그것은 내가 상관할 바가 아니다. 단지 사람들에게 비웃음을 당할 만한 행동이나 말을 하지 않도록 조심하면 된다. 또 어떤 사람이 나를 증오한다고 해도 그것 역시 그의 문제다. 내가 해야 할 일은 모든 사람에게 친절하고 자비로우며, 나를 증오하는 사람에겐 그의 잘못을 일깨워 주면 되는 것이다. 이때 결코 상대방을 비난하거나 자신의 인내심을 자랑하는 태도를 보여서는 안 된다. 단지 포키온(Phocion : 아테네의 장군이며 정치가)처럼 ─ 그의 행동이 전혀 위선이 아니라면 ─ 솔직하고 상냥한 태도로 상대방의 잘못을 지적해 주어야 한다.

이같은 태도야말로 인간이 마땅히 지니고 있어야 할 의무라고 생각하라. 어떤 일을 당해도 화를 내거나 불평하지 않는 모습을 신에게 보여야만 한다. 자신의 본성에 따르며, 자연이 부여한 일을 기꺼이 받아들이는 태도를 취한다면 무엇이 그대를 방해할 수 있겠는가!

14

사람들은 서로 경멸하면서도 어떤 이익을 위해서라면 서로 아첨한다. 그들은 서로 상대방을 이기려고 경쟁하면서도 다른 사람 앞에서는 허리를 굽히고 양보한다.

15

"나는 당신을 솔직하게 대하기로 결심했소."

이렇게 말하는 사람이 있다면, 이 얼마나 불성실한 위선자인가!

인간의 성실한 행동은 굳이 설명을 필요로 하지 않는다. 사랑하는 사람끼리는 눈만 보면 상대방의 생각을 읽을 수 있는 것처럼, 인간의 모든 것은 눈을 통해서 단번에 알 수 있다. 진실이나 선은 강한 향기를 지니고 있기 때문에 가까이 있는 사람은 좋든 싫든 그 냄새를 맡게 된다.

가장된 진실은 감추어진 칼날이다. 이것은 곧 겉으로 드러나게 마련이다. 늑대의 거짓 우정보다 더 비열한 행위는 없다. 이러한 우정은 피해야 한다. 착하고 성실하고 자비로운 사람은 저절로 그 본성이 얼굴에 드러나게 마련이며, 누구나 그것을 알아볼 수 있다.

16

가치가 없는 사물에 영혼이 관심을 갖지 않는다면, 완전한 인생을 영위할 수 있다. 그러기 위해서는 먼저 사물이 무엇으로 이루어져 있는지 주의깊게 관찰한 다음, 그 실체를 생각하라. 그리고 어떠한 사물이든 자기 스스로 의견을 형성할 능력이 없으며, 우리에게 가까이 다가올 수 없다는 사실을 명심하라. 사물은 언제나 그 자리에 그대로 머물러 있을 뿐이다. 그러므로 사물에 대해 어떤 판단을 내리고 그것을 마음속에 새겨두는 것은 바로 우리 자신이다. 또한 우리는 언제라도 마음속 기록을 지워 버릴 수 있는 능력을 지니고 있다.

그러나 우리에게는 사소한 모든 일에 관심을 기울일 만큼 넉넉한 시간이 주어져 있지 않다. 죽음의 순간은 시시각각 다가오고 있다. 따라서 모든 일이 뜻대로 되지 않는다고 불평을 터뜨리지 말라. 자연에서 벗어나지 않는다면 무엇이든 기꺼이 받아들여라. 만약 그것이 자연에 위배된다면 잠시 본성의 소리에 귀를 기울인 다음, 최선의 길을 택해 계속 나아가라. 인간은 언제 어떤 장소에 있더라도 자신의 올바른 길을 찾아낼 수 있다.

17

모든 사물을 대할 때마다 그것이 어디에서 생겨났으며 무엇으로 구성되어 있으며 무엇으로 변할 것인가. 그리고 그 변화의 결과는 무엇일까 생각해 보라. 또한 사물은 우리에게 어떠한 해도 끼치지 않는다는 사실을 명심하라.

18

만약 누군가가 그대를 화나게 했다면 첫째, 인간은 밀접한 유대관계를 맺고 있으며 서로 협력하도록 창조되었다는 사실을 명심하라. 또한 다른 관점에서 생각한다면 숫양이 양떼를, 수소가 소떼를 안전하게 이끄는 것처럼 나도 다른 사람들을 인도하기 위해 태어났을지도 모른다. 그렇다면 당연히 그들을 친절하게 인도해야만 한다.

만약 이 세상이 단순한 원자들의 집합체가 아니라면, 만물을 지배하는 것은 자연이다. 그런데 자연은 강자를 위해 약자를 만들었으며, 강한 것끼리는 서로 돕도록 만들었다는 사실을 명심하라.

둘째, 식탁에 앉아 있을 때나 안락한 침대에 누워 있을 때나 그들은 어떤 사람인지 생각하라. 그들의 사고방식을 지배하는 것이 무엇이며, 또 무엇으로 만들어졌는지를 살펴보고, 어떤 자만심 때문에 그토록 무례한 행동을 하고 있는지 살펴보라.

셋째, 만약 그들이 하는 일이 옳다면 우리는 화낼 이유가 없다. 그러나 그들의 행동이 올바르지 않다면 그것은 의도적인 것이 아니라 무지 때문에 그와 같은 잘못을 범한 것이 분명하다. 왜냐하면 계획적으로 진리를 상실하는 영혼은 없기 때문이다. 즉 자신도 모르는 사이에 영혼이 진리를 빼앗기는 것처럼, 의도적으로 다른 사람에게 비난을 받고 싶어하는 사람은 없다. 따라서 사람들은 부정하다거나 배은망덕하거나 탐욕스럽다는 등의 말을 들을 때 상처를 받게 된다.

넷째, 자신도 많은 잘못을 저지르고 있다는 점에서 다른 사람과 조금도 다르지 않음을 명심하라. 실제로 어떤 잘못을 저지르지 않았다고 해도 그것은 다른 사람의 이목을 의식했기 때문일 뿐 명예를 추구하거나 잘못을 범할 여지는 여전히 남아 있다.

다섯째, 인간이 잘못을 저지르게 된 동기가 반드시 그의 행동과 일치하는 것은 아니다. 많은 일들이 어떤 환경과 연관되어 발생하기 때문이다. 그러므로 다른 사람의 행동에 대해 정확한 판단을 내리기 위해서는 자신이 먼저 더욱 많은 것을 알아야만 한다.

여섯째, 몹시 화가 나거나 슬플 때는 인간의 생애는 한순간이며, 잠시 후에는 땅 속에 묻히게 될 것이라고 스스로에게 말하라.

일곱째, 우리를 괴롭히는 것은 그들의 행동이 아니라 바로 그 행동을 평가하는 우리의 생각이다. 그들의 행동은 이성에 그 근거를 두고 있기 때문이다. 그러므로 그들에 대한 모든 판단을 제거하라. 그와 동시에 분노는 곧 가라앉을 것이다. 어떻게 해야만 그러한 생각을 제거할 수 있을까? 우선 그들의 행동이 수치가 아니라고 간주한 다음 자기 자신을 생각해 보라. 만약 악이 부끄러운 것이 아니었다면 그대도 분명 더 많은 악을 저질렀을 것이다. 강도나 그밖의 악행을 일삼는 사람이 되었을지도 모른다.

여덟째, 다른 사람의 그릇된 행동 때문에 받게 되는 고통보다, 그 행동에 대한 우리의 분노나 괴로움 때문에 생기는 고통이 훨씬 더 견디기 어렵다는 사실을 명심하라.

아홉째, 꾸미지 않은, 순수하고 진실한 마음에서 우러나온 친절이라면 아무도 그것을 무너뜨릴 수 없음을 명심하라. 어떤 난폭한 사람에게도 변함없이 친절을 베풀고, 상대방이 해를 입히려고 할 때 부드럽고 온화한 태도로, '여보시오, 그래서는 안 됩니다. 우리는 그런 짓을 하기 위해 세상에 태어난 것이 아니지 않소. 당신이 나에게 무슨 짓을 하더라도 나는 전혀 해를 입지 않소. 오히려 당신은 스스로를 해치고 있는 거요.' 라고 충고하여 그의 잘못을 바로잡아 준다면, 그는 해를 입힐 수 없다.

앞에서 설명한 여러 가지 진리를 성실한 태도로 차근차근 알아듣기 쉽게 설명해 주고, 꿀벌이나 그밖의 집단 생활을 하는 본성을 지닌 동물들도 그런 짓을 하지 않는다는 사실을 일깨워 주라. 그러나 이때는 비웃거나 꾸짖는 태도를 취하지 말고, 아무런 적의도 없이 진지하게 타일러야 한다. 그리고 주위에 다른 사람이 있을 때 훈계조로 이야기하지 말고, 그가 혼자 있을 때 조용히 타일러라.

위의 아홉 가지 법칙은 뮤즈 신이 준 귀중한 선물이라 생각하고 항상 잊지 말라. 그리고 살아 있는 동안 참된 인간이 되기 위해 끊임없이 노력하라. 다른 사람에게 화내지 말고 그들의 아첨에 솔깃하지 말라. 그것은 모두 비사회적인 태도로 마침내는 해악을 가져오기 때문이다.

화가 머리끝까지 났을 때 그 감정을 폭발시키는 것은 남자답지 못한 행동이다. 항상 온화하고 관대한 태도야말로 인간의 본성에 보다 잘 어울리며, 보다 남자답다는 사실을 기억하라. 이런 성품을 지닌 사람은 힘과 강인함과 용기를 가지고 있지만, 흥분을 잘하고 불평을 일삼는 사람은 그렇지 못하다. 감정의 지배를 받지 않는 사람일수록 더욱 강한 힘을 지니게 되기 때문이다. 분노는 무력함의 증거이며, 비탄도 이와 마찬가지다. 화를 잘 내는 사람은 스스로 굴복했음을 인정하는 것이다.

그러나 만약 그대가 원한다면 뮤즈의 지도자인 아폴로 신으로부터 열 번째 선물을 받을 수 있다. 그 선물은 나쁜 사람이 죄를 짓지 않기를 기대하는 것은 어리석은 생각이라는 것이다. 그것은 무화과나무에서 무화과 이외의 다른 열매가 열릴 수 없는 것처럼 불가능한 일이다. 그리고 그들이 다른 사람들에게 잘못을 저지르는 것을 방관하면서 오직 자신만 해를 입지 않기를 바라는 것은 비겁한 생각이다.

19

탁월한 이성이 정상을 벗어나는 이탈 현상을 보일 때는 철저하게 조심하고 경계해야 한다. 그때마다 다음과 같이 말하라.

'이 사념은 내게 중요한 것이 아니다.', '이것은 사회적 단결을 파괴할 요인을 지니고 있다.', '이것은 올바른 사상에서 비롯된 것이 아니다.'

왜냐하면 진정한 사상에서 나오지 않은 것 역시 영혼의 본 궤도를 이탈하는 일이기 때문이다. 마지막으로 자기 자신을 비난하고 싶을 때는, '이것은 나의 마음속 가장 신성한 부분이 비천하고 부패되기 쉬운 육체와 그 육체의 비열한 탐욕에 압도당하고 굴복했다는 증거다.'라고 말하라.

20

육체 속에 분산되어 있는 원소 중에는 공기와 비슷하며 불의 성질을 갖고 있는 입자가 있어 위로 상승하려는 경향을 지니고 있지만, 우주의 배치에 순응하여 복합적 조직 안에 그대로 머물러 있다. 또한 인간의 체 내에는 흙의 성질과 물의 성질을 가진 입자가 있어 그 본래의 성질에 의해 아래로 떨어지려고 하지만, 역시 우주의 배치에 순응하여 타고난 성질에 어긋나는 자리에 머물러 있다. 이와 같이 조그마한 입자조차도 자연의 법칙에 의해 그 위치가 정해지면 신이 다시 분해의 신호를 울릴 때까지 조용히 정해진 장소에 머물러 있다.

그럼에도 불구하고 그대의 이성적 부분만이 반항하고 자신의 위치에 불만을 표시하는 것은 이상한 일이 아닌가? 게다가 이성적 부분에는 어떠한 강제도 가해지지 않고 오히려 그의 본성과 일치하는 일만 일어난다. 그런데도 여전히 순응하지 않고 반대 방향으로만 달아나려고 한다. 즉 부정, 무절제, 분노, 비탄, 공포 등을 향해 나아간다면 이것은 자연의 법칙에 이탈하는 행동이다. 그리고 영혼이 어떤 일에 불만을 느낀다면 그것도 본연의 위치를 벗어나는 행동이다. 영혼은 본래 신과 정의를 경애하고 존중하도록 창조되었기 때문이다. 신과 정의를 존중하려면 사물의 모든 것을 만족해하는 마음으로 받아들여야 하며, 이러한 마음가짐은 정의보다 우선되어야 한다.

인생의 목적이 동일하지 않고 시시각각 변하는 사람은 그의 일생도 한결같을 수 없다. 그러나 인생의 목적이 어떤 것이어야 하는지 덧붙여 설명하지 않는다면, 앞에서 언급한 말만으로는 아직 부족하다.

대부분의 사람이 선이라고 생각한다고 해서 반드시 모든 사람의 생각이 그와 일치하는 것은 아니다. 그러나 공공의 이익에 공헌하는 일에 대해서는 언제나 의견이 일치한다. 그러므로 인생의 목적은 인간 모두가 추구해야 할 사회의 이익에 공헌하는 것이 되어야 한다. 이러한 목적을 위해 자신의 모든 노력을 기울이는 사람의 행동은 변함이 없으며, 따라서 그 자신도 한결같을 것이다.

21

시골에 사는 쥐가 서울에 사는 쥐를 찾아왔을 때를 생각해 보라. 그리고 도시 쥐의 공포와 경계심을 생각해 보라.

22

소크라테스는 대중의 생각을 '라미아(Lamia)'라고 불렀는데, 라미아는 사람을 잡아먹고 어린아이의 피를 빨아먹는다는 괴물이다.

23

라케다이몬 사람들은 공개적인 구경거리가 있을 때 외국 손님들의 자리를 시원한 그늘에 마련하고, 그들 자신은 아무 곳에나 앉았다.

24

소크라테스는 마케도니아 왕인 페르디카스(Perdiccas)의 초대를 받고 다음과 같이 거절하였다.

"나는 가장 비참한 최후를 맞이하고 싶지 않습니다."

즉 보답하지 못할 은혜는 처음부터 받아들일 수 없다는 뜻이다.

25

에페소 인들의 저술 중에는 덕을 실천한 선인(仙人) 중의 한 사람을 항상 생각하라는 교훈이 실려 있다.

26

피타고라스 학파는 아침마다 하늘을 쳐다보며 다음과 같은 사실을 배우라고 권하고 있다.

"언제나 동일한 상태로 동일한 방법에 따라 움직이는 천체는 그 본연의 임무를 수행하는 데 얼마나 정확하며 변함이 없는가를 상기하라. 그리고 그 운동의 질서 정연함과 순수함, 적나라한 모습을 생각하라. 별을 가리는 것은 아무것도 없다."

27

아내인 크산티페(Xantippe)가 소크라테스의 옷을 가지고 밖으로 나가 버렸을 때, 양가죽으로 몸을 감싸고 나온 그의 모습을 상상해 보라. 그리고 이와 같은 차림을 보고 당황하여 달아나는 친구들에게 소크라테스가 한 말을 생각해 보라.

28

어떤 것을 읽고 쓰는 데 있어서 자기 자신이 먼저 그 규칙을 배우고 익숙해지기 전에는 남을 가르치지 말라. 인생에 있어서는 두말할 필요도 없다.

29

본능의 노예가 되었다면, 이성은 더 이상 자유롭게 존재하지 않는다.

—출처 미상

30

그리고 내 마음은 웃고 있었다.

—호메로스《오디세이》

31

그들은 가혹한 말로 덕을 저주할 것이다.

—헤시오드(Hesiod)《일과 나날》

32

겨울에 무화과 열매를 찾는 것은 올바른 정신을 가진 사람이 아니라고 할 수 있다. 또 이미 아이를 낳을 수 있는 나이가 지났는데도 아이를 바라는 사람 역시 미친 사람이다.

—에픽테토스《어록》

33

"어린아이에게 입을 맞출 때, 어쩌면 자신은 내일 죽을지도 모른다고 속삭여라."

하고 에픽테토스는 말했다.

곁에서 누군가 이 말을 듣고,

"어째서 그토록 불길한 말을 하는가?"

하고 항의하면 이렇게 대답하라.

"아니, 내 말은 단지 자연이 하는 일에 만족하라는 뜻이다. 만약 이 말이 불길하다면 그대는 다 익은 벼이삭을 수확하라는 것도 불길한 말이라고 생각하는가?"

34

덜 익은 포도, 잘 익은 포도, 건포도, 이들은 서로 다르다. 그러나 이것은 무(無)로 변한 게 아니라 계속 존재하면서 단지 새로운 상태로 변했을 뿐이다.

—에픽테토스《어록》

35

아무도 우리의 자유 의지를 빼앗지 못한다.

—에픽테토스《어록》

36

우리는 동의하는 기술(원칙)을 발견해야 한다. 즉 아무것에나 무작정 동의해서는 안 된다는 뜻이다. 또 일시적인 충동에 사로잡히지 말고 이 기주의에서 벗어나 미덕과 조화를 이루어야 한다. 육체의 욕망도 이와 마찬가지다. 능력이 미치는 데까지 욕망을 억제해야 하며, 그것에 지배되는 것을 당연히 수치로 생각할 줄 알아야 한다.

—에픽테토스《어록》

37

이 논쟁은 일상적인 평범한 문제에 대한 것이 아니라, 우리가 미쳤는가 제정신인가의 문제다.　　　　　—에픽테토스《어록》

38

소크라테스는 항상 이런 대화를 나누곤 했다.

"그대는 무엇을 원하는가? 이성적인 인간의 영혼인가, 그렇지 않은 인간의 영혼인가?"

"이성적인 인간의 영혼입니다."

"이성적인 인간 중에서 어느 쪽을 원하는가? 건전한 인간인가, 병든 인간인가?"

"물론 건전한 인간입니다."

"그렇다면 그대는 왜 그런 인간이 되기 위해 노력하지 않는가?"

"이미 소유하고 있기 때문입니다."

"그렇다면 왜 싸우고 말다툼을 하는가?"

제 12권

1

스스로 거부하지만 않는다면 별다른 어려움 없이 원하는 모든 목적물을 얻을 수 있다. 여기서 '거부하지 않는다.'는 말은 과거를 돌아보지 않고 미래는 자연의 섭리에 맡겨 둔 채 오직 경건하고 정의롭게 현재에 충실하라는 뜻이다.

또 경건이란 주어진 운명에 만족하고 순응하라는 의미다. 자연이 그대를 위해 운명을 설계했으며 그것이 그대가 태어난 목적이기 때문이다. 정의롭기 위해서는 언제나 솔직하고 공정하게 진리를 말하며, 법을 준수하고 다른 사람의 권리를 존중해 주어야 한다. 또 다른 사람의 사악이나 무지 혹은 악평 등에 동요되거나, 그대를 둘러싸고 있는 보잘것없는 육체의 욕망에 얽매이지 말라. 그것들은 비록 수동적인 것이지만, 항상 이성이 허점을 보일 때만을 기다리고 있기 때문이다.

그리하여 갑자기 죽음의 순간이 닥쳐오더라도 오직 지배적 이성과 신성만을 존중하며 그밖의 것들은 모두 무시하라. 그리고 언젠가는 죽어야 한다는 사실 때문이 아니라 아직도 자연에 순응하는 생활을 시작하지 못했기 때문에 죽음을 두려워하는 것이라면, 자신을 창조해 낸 우주에서 가치 있는 인간이 될 수 있으며 동시에 조국에 대해서도 마찬가지이다. 또한 일상적으로 일어나는 일들이 전혀 뜻밖의 일인 것처럼 당황스럽고 두려워 이 사람 저 사람에게 의지하려 하지도 않을 것이다.

2

신은 인간의 가치를 판단하고자 할 때 육체에 소속된 물질적 껍질이나 불순물 등을 제거한 상태에서 마음을 살핀다. 신의 이성적 부분과 접촉할 수 있는 것은 오직 그에게서 흘러나와 인간의 육신 속으로 흘러 들어간 이성뿐이기 때문이다.

만약 당신이 신처럼 육체를 무시한다면 인생에 수반되는 수많은 고뇌로부터 해방될 수 있다. 왜냐하면 빈 껍데기에 불과한 육체를 무시하는 사람은 의복, 집, 명성, 그밖의 외부적인 겉치레로 인해 고심하지 않을 것이 틀림없기 때문이다.

3

인간은 조그마한 육체, 호흡, 이성 이 세 가지로 이루어져 있다. 육체와 호흡은 그대의 보살핌을 필요로 한다는 점에서만 그대에게 속할 뿐, 진정한 의미에서의 본래의 소유물은 이성뿐이다. 그러므로 즉시 이성을 육체와 호흡으로부터 분리시켜라.

그러면 다른 사람들의 언행과 미래에 대한 불안으로부터 해방될 것이며, 육체와 호흡에 해를 입히는 것들로 인해 더 이상 신경쓰지 않아도 된다. 또한 주위를 맴돌며 혼란시키던 여러 가지 속박에서 풀려날 수 있을 것이다.

이성은 운명적인 모든 사물을 무시하고 스스로 올바른 길을 향해 나아간다. 이성은 이 세상의 여러 가지 일들을 흔쾌히 받아들이며 오직 진실만을 말한다. 그러므로 그대의 의사와는 상관없이 이성에 부착되어 있던 갖가지 감각적 부속물을 떼어 버리고 과거도 미래도 아닌 오직 현재의 생활에 충실하라.

'자신을 둘러싸고 있는 고독을 즐기며 그 자신을 완전한 원형'이라는 엠페도클레스(Empedokles)의 말을 항상 염두에 두고 당신도 그렇게 되도록 노력하라. 이와 같이 신성의 인도에 따라 성실과 친절로 행한다면 남은 생애를 모든 번뇌에서 벗어나 보다 고귀하게 평온한 마음으로 살아갈 수 있을 것이다.

4

인간은 어느 누구보다도 자기 자신을 가장 사랑한다. 그런데도 자기 자신을 평가할 때는 자신의 의견보다 다른 사람의 의견을 더 존중하고 있다. 이 점은 매우 큰 모순이다. 만약 그대가 어떤 사람에게 나타나서 머릿속에 떠오른 생각을 반드시 대중에게 공포해야 한다고 명령한다면 그는 아마 단 하루도 견딜 수 없을 것이다. 그럼에도 불구하고 인간은 자신에 대한 대중의 평판을 자기가 자신을 어떻게 생각하고 있는가보다 훨씬 더 중요시하고 있다.

5

인간을 위해 이 세상 모든 것을 그토록 훌륭하게 만들어 놓은 신이, 경건한 행동과 종교적 의식을 통해 신의 섭리에 충실할 뿐만 아니라 신성에 순응하여 선행과 봉사로 일관된 인생을 살아가는 사람들을 외면할 수 있을까? 그들이 한번 죽으면 다시 태어나지 못하고 그대로 사라져 버린다는 사실을 과연 신이 간과할 수 있을까?

그러나 만약 그것이 사실이라면 죽음은 또 다른 유익한 목적을 위해 필요한 것이 분명하다. 죽음이 자연의 목적에 어긋나지 않는 이상, 그것을 당연하며 올바른 일이라고 생각해야 한다. 그러므로 신이 그들을 외면했다고 가정할 경우 죽음을 긍정적으로 받아들여야 하며 신에게 그 이상의 방도는 없었을 것이라고 확신해야 한다. 신에게 잘잘못을 따지는 것은 더없이 어리석은 짓이다.

만약 신이 가장 탁월하고 가장 올바른 존재가 아니라면 우리는 그가 주관한 모든 일이 불공평하며 올바르지 못하다고 책임을 추궁할 수 없다. 이와 반대로 신이 가장 탁월하며 가장 올바른 존재라면 우주의 질서를 유지하는 데 있어서 부당하거나 불합리한 일은 결코 하지 않았을 것이다.

6

성공할 가망성이 전혀 없다고 생각되는 일이라도 포기하지 말고 계속 연습하라. 연습 부족으로 인해 다른 모든 일에는 무력한 왼손도 말고삐를 잡는 일만은 오른손을 훨씬 능가한다. 그것은 왼손이 많은 시간을 할애하여 그 일을 연습했기 때문이다.

7

인생의 종말이 다가왔을 때, 육체와 영혼은 어떤 상태에 놓여 있을 것인가를 상상해 보라. 그리고 허망한 인생, 과거와 미래로 펼쳐져 있는 무한한 시간의 심연, 모든 물질의 나약함을 생각하라.

8

사물의 껍질을 벗긴 다음 내부의 본질을 주시하라. 사물의 온갖 행동의 목적을 검토하라. 고통, 쾌락, 죽음, 명성 등의 본질이 무엇인가를 생각해 보라. 그리고 인간의 불안은 모두 스스로의 생각에서 비롯된 것이며, 결코 다른 사람의 방해 때문이 아니라는 사실을 명심하라.

9

원리를 실천에 옮길 때는 검객이 아니라 레슬링 선수처럼 행동해야한다. 검객은 손에 든 칼을 떨어뜨리면 다시 집어들기 전에는 싸울 수없지만 레슬링 선수는 무기를 잃어버릴 염려가 없다. 언제라도 손을 사용할 수만 있다면 모든 준비가 끝나는 것이다.

10

모든 사물을 구성하고 있는 것은 무엇인가? 그것을 물질 형상, 목적으로 나누어 각각의 본질을 고찰하라.

11

신이 허용한 일 이외에는 아무것도 하지 않으며, 신이 부여한 것만을 받아들이는 인간의 능력은 얼마나 위대한가.

12

발생하는 모든 일이 자연을 따르는 것이라면 절대로 비난하지 말라. 신들은 결코 실수하는 법이 없기 때문이다. 그리고 인간을 비난하지 말라. 인간은 결코 의식적으로 잘못을 저지르지 않기 때문이다.

13

인생살이에 수반되는 여러 가지 사건에 대하여 일일이 깜짝깜짝 놀라고 당황한다는 것은 얼마나 우습고 어리석은 일인가.

14

우주는 거역할 수 없는 숙명적인 운명의 지배를 받는가? 또는 자비로운 신외 섭리에 지배되는가? 아니면 목적도 방향도 없는 무질서한 혼란만 가득 차 있는가? 만약 거역할 수 없는 운명 속에서 살고 있다면 왜 거기서 벗어나려고 반항하는가?

자비로운 신의 섭리가 지배한다면, 신의 뜻에 따르고 신의 도움을 최대한 활용하도록 하라. 그러나 지배자 없는 무질서한 혼란뿐이라면, 그러한 소용돌이 속에서도 이성이 존재한다는 사실에 만족하라. 그리고 육체와 호흡, 그밖의 모든 것이 소용돌이 속으로 휘말려 들어갈지라도 이성만은 결코 휘말리지 않는다는 사실을 명심하라.

15

등불은 심지나 연료가 다할 때까지 결코 광채를 잃지 않고 빛을 발한다. 그런데도 그대 안에 있는 진리와 정의와 지혜는 죽기도 전에 꺼지려

하고 있다.

16

어떤 사람의 행동이 잘못되었다고 생각될 때는, '무엇을 근거로 그의 행동이 잘못이라고 판단할 수 있는가?' 라고 스스로에게 물어보라. 그리고 설사 그가 잘못을 저질렀다 하더라도 그는 이미 그 일로 인해 자신을 충분히 책망했고 반성하고 있는지도 모른다.

또한 악한 사람이 절대로 죄를 짓지 않기를 바라는 사람은 무화과나무가 열매를 맺고, 갓난아이가 울음을 터뜨리는 등의 본성을 따르는 행위를 용납하지 못하는 자와 같다. 본성을 따르는 것은 자연스러운 현상이다. 어떻게 악한 사람이 그 본성에 따라 죄를 짓지 않을 수 있겠는가. 만약 그것을 보고 화를 낸다면 우선 그대의 성격부터 고쳐야 한다.

17

올바른 일이 아니면 행하지 말라. 진실한 말이 아니라면 입밖에 내지 말라. 그리고 정의와 진실에 대한 판단은 스스로 신중하게 생각한 다음 내려야 한다.

18

사물을 볼 때마다 그것의 전체적인 모습을 통찰하라. 그리고 그것이 어떤 인상을 주었으며, 그 원인과 목적은 무엇인가를 생각하라. 또한 모든 것은 머지않아 그 현상이 소멸된다는 사실을 명심하라.

19

마음속에는 단순한 본능이 아니라 여러 가지 현상을 일으키는 보다 뛰어나고 고귀한 그 무엇이 있다는 사실을 자각하라. 그런데 지금 이 순간에 그대를 지배하는 것은 과연 무엇인가? 두려움, 의심, 욕망 등 본능에 얽매여 있는 산물인가? 그렇지 않으면 이보다 한층 신성한 다른 어떤 것인가?

20

첫째로, 무슨 일이든지 어떤 목적 없이 닥치는 대로 행하지 말라.

둘째로, 공공의 이익과 관련이 없는 일이라면 행동의 목적으로 삼지 말라.

21

머지않아 그대는 한줌의 재로 변하여 이 세상 어디에도 존재하지 않게 될 것이다. 또 현재 보고 있는 모든 것, 살아서 움직이고 있는 것들도 얼마 지나지 않아 존재하지 않게 된다. 모든 것은 변화하고, 소멸되게 마련이다. 그 뒤를 이어 다시 새로운 것이 태어난다.

22

모든 것은 한낱 생각에 불과하며, 이 생각은 마음먹기에 따라 자유롭게 바꿀 수 있다. 그러므로 그대를 괴롭히는 것이 있다면 즉시 그 생각을 추방하라. 그러면 무사히 항해를 끝마친 선원처럼 마음이 평온해질 것이다.

23

어떤 행동이든 적절한 시기에 중단한다면, 그 때문에 해를 입는 일은 없다. 이와 마찬가지로 인간의 생명도 적당한 때 정지한다면 그 자체는 전혀 악이 아니며, 따라서 죽음을 맞이한 사람도 아무런 해를 입지 않는다. 그러나 죽음에 이르는 적당한 시기는 인간이 아닌 바로 자연이 결정한다.

늙은 나이의 경우처럼 인간의 본성이 결정하는 특수한 경우도 있기는 하지만, 대부분 죽음을 결정하는 것은 언제나 자연이다. 우주의 모든 것에는 언제나 신성한 생동감이 감돌고 있다. 왜냐하면 자연이 모든 것을 항상 새롭게 변화시키기 때문이다. 그리고 우주의 본성에 유익한 것이라면 인간에게도 좋은 것이며, 시기에 알맞은 것이다.

따라서 자연이 결정하는 인생의 종말은 악이 될 수 없다. 그것은 본인의 의지와는 관계없는 것이며, 공공의 이익에 해가 되지 않는 이상 수치스러워할 필요도 없다. 오히려 그것은 이 우주를 위해 유익한 것이기에 선이라 할 수 있다. 이와 같이 신의 뜻에 따르고 신과 동일한 목표를 지향하는 사람은 언제나 새롭게 태어난다.

24

언제 어디서나 항상 명심해야 할 세 가지 충고가 있다.

첫째, 경솔하게 닥치는 대로 행동하지 말고 정의에 따라야 한다. 외부에서 일어나는 모든 일은 우연 아니면 신의 섭리에 의한 것이다. 우연을 원망하거나 신의 섭리를 비난할 수 없다는 사실을 명심하라.

둘째, 탄생과 동시에 영혼을 받아서 그것을 다시 되돌려 줄 때까지,

모든 존재는 어떠한 상태로 무엇으로 구성되어 있는지, 그리고 그것이 분해된 다음에는 무엇으로 변할 것인지에 대해 생각해 보라.

셋째, 돌연 까마득한 공중으로 치솟아서 모든 인간사를 굽어보고 있다고 상상해 보라. 인간 세상의 모든 것들은 얼마나 보잘것없는 것들인가! 그리고 세상은 무수한 다른 존재들로 채워져 있음을 깨달을 수 있을 것이다.

이처럼 하늘로 높이 올라가 세상을 내려다본다 하더라도 여전히 지상에서 볼 수 있는 동일한 것만을 발견할 뿐이다. 모든 것이 그렇게 단조롭고 허망하다. 그런 것들 중에서 과연 그대가 자랑스럽게 생각할 만한 것이 무엇이겠는가!

25

사물에 대한 모든 선입관을 추방하라. 그러면 마음이 평온해질 것이다. 그렇게 하려는 것을 누가 방해할 것인가!

26

어떤 일에 화를 내고 괴로워하는 것은 모든 일이 우주의 본성에 따라 일어난다는 사실을 잊고 있기 때문이다. 그것은 과거에도 수없이 되풀이된 일이며, 앞으로도 영원히 계속될 것이다. 게다가 다른 사람의 잘못은 그대가 상관할 성질의 것이 아니다. 인간은 단지 피가 같다는 이유가 아닌, 이성을 공유하고 있다는 이유에서 밀접한 유대 관계를 맺고 있다는 사실을 잊지 말라.

전 인류가 갖고 있는 이성은 신에게서 비롯된 것이며, 진실로 자신의 것이라고 단언할 수 있는 것은 이 세상에 하나도 없다는 사실을 명심하라. 자녀도, 육체도, 그리고 영혼까지도 그대의 것이 아니다.

모든 만물은 신에게서 생겨난 것이며, 모든 것은 한낱 생각에 불과하다. 그리고 인간은 오직 현재를 살아갈 뿐이며 따라서 잃는 것도 현재뿐인 것이다.

27

찬란한 명성, 또는 걷잡을 수 없는 재난, 또는 어떤 종류의 행운 때문에 특별히 돋보였던 사람들의 생애를 생각해 보라. 그 사람들은 지금 어디에 있는가? 연기로 사라지고, 재로 변했으며, 한낱 전설상의 인물로 남아 있을 뿐이다. 아니, 자신이 이 세상에 살다 갔다는 흔적조차 남기지 못한 사람도 있다.

이와 비슷한 경우를 살펴보라. 집정관을 역임했던 파비우스 카툴리누스(Fabius Catulinus), 넓은 정원과 훌륭한 별장을 자랑하던 루키우스 루푸스(Lucius Lupus), 그밖에 스테리티니우스(Steritinius), 티베리우스(Tiberius), 벨리우스 루푸스(Velius Rufus) 등 남보다 뛰어난 인물이 되기를 열망했던 그들은 모두 어떻게 되었는가?

신의 의지에 순종하고 정의와 절제를 인생의 목표로 삼아 정진하라. 이것이 곧 철학자들의 삶이며, 가장 보람 있는 삶이다. 겸손하다고 자랑하는 이면에 깔려 있는 자만심이야말로 가장 견디기 어려운 자만심이라 할 수 있다.

28

'당신은 어디서 신들을 보았는가? 그리고 어떻게 신이 존재한다는 사실을 증명할 수 있으며, 신들을 섬겨야 한다고 주장하는가?'
라고 묻는 사람에게 나는 다음과 같이 대답할 것이다.

첫째, 나는 눈으로 신을 볼 수 있다(스토아 철학자들은 별을 신이라고 생각했다). 둘째, 비록 내 영혼을 본 적은 없지만 나는 그 능력을 느낄 수 있다. 이와 마찬가지로 나는 일상 생활에서 신의 능력을 끊임없이 경험하고 있으며, 이러한 체험을 통해 신의 존재를 확신하고 그들을 섬긴다.

29

모든 사물의 본질을 통찰하여 그 재료는 무엇이며, 창조된 원인이 무엇인가를 파악하라. 모든 정열을 쏟아 정의를 행하고, 진실만을 말하라 이와 같은 인생은 건전하고 안정되어 있다. 그리고 남은 일은, 각각의 좋은 일을 서로 연결하여 그 사이에 조그만 틈도 주지 않음으로써 인생을 즐기는 일뿐이다.

30

햇빛은 벽이나 산, 그밖의 무수한 장애물로 인해 차단되지만, 햇빛은 오직 하나이다. 각기 다른 성질을 가진 자연물이 존재하지만, 공통된 본질은 하나뿐이다. 마찬가지로 사고 능력을 지닌 인간의 영혼도 겉으로는 무수한 개체로 분리되어 있는 것처럼 보이지만 사실은 하나이다. 인간을 형성하고 있는 모든 요소 속에서 영혼을 제외한 다른 것들은 물질이며, 감각도 없고 상호간의 연결도 없다.

그럼에도 불구하고 이성적 원리는 이러한 부분들까지 결합시키고 같은 목적을 향해 인도한다. 영혼은 본래의 성질에 따라 동일한 것에 이끌리고 결합하며, 이러한 활동은 그 무엇의 방해도 받지 않는다.

31

그대는 무엇을 바라는가? 영원히 살고 싶은가? 감각을 갖고 싶은가? 욕구? 성장? 또는 죽어서 다시 태어나고 싶은가? 언어의 기능을 보존하고 싶은가? 사고하는 능력?

위에 열거한 것 중에서 추구할 만한 가치가 있다고 생각되는 것은 무엇인가? 그러나 이 모든 것이 하찮다고 생각되는 즉시 이성과 신에게 순종하는 인간의 궁극적인 목표를 향해 눈길을 돌려라. 그러나 만약 위에 열거한 것을 소중히 여겨 죽음에 의해 빼앗기지 않을까 걱정한다면, 그것은 신과 이성을 존중하는 태도와 크게 상반된다.

32

우리들 각자에게 주어진 시간은 얼마나 짧은가? 그것은 순식간에 영원의 심연 속에 묻혀 버리는 것이다. 또한 이 세상 모든 존재와 비교할 때, 그대가 지니고 있는 영혼은 얼마나 초라한 일부분인가? 보편적 영혼에서 그대의 영혼이 차지한 것은 얼마나 보잘것없는 부분인가? 이 지구 전체에서 그대가 밟고 다니는 땅덩어리는 얼마나 좁은 공간인가?

이 모든 사실을 상기하면서, 자신의 본성에 따라 행동하고 자연이 준 모든 것을 참고 견디는 것 이외의 위안은 없다고 굳게 확신하라.

33

지배적 능력이 그대를 어떻게 인도하고 있는지 관찰하라. 모든 것은 바로 이 능력에 달려 있다. 그러나 그밖의 다른 것들은 그대의 의사대로 할 수가 있든 그렇지가 않든, 죽어 있는 뼈와 연기일 뿐이다.

34

쾌락은 선이요, 고통은 악이라고 생각한 사람조차 죽음을 경멸했다는 사실을 상기하면 우리는 더욱 더 죽음을 경멸할 수 있을 것이다.

35

적당한 때 일어나는 일만을 선이라고 생각하는 사람, 올바른 이성에 따르기만 하면 성취한 일이 많고 적음은 문제가 되지 않는다고 생각하는 사람, 이 세상에서 얼마나 더 오래 사느냐의 문제로 고심하지 않는 사람—이러한 사람들에게 죽음이란 결코 두려운 것이 아니다.

36

인간이여, 그대는 이 거대한 국가(세계)에서 한 시민으로 살아왔다. 그렇다면 그 기간이 5년이든 1백 년이든 무슨 차이가 있겠는가? 이 세계의 법은 만인에게 평등하다. 그런데 어째서 불평하는가?

그대를 이 세상에서 몰아내는 것은 폭군도 불공평한 재판관도 아닌, 애초에 이 세상으로 보낸 자연이다. 그것은 마치 배우를 고용한 감독이 그를 다시 무대에서 쫓아내는 것과 같다.

'그러나 나는 5막짜리 연극에서 이제 3막까지만 출연했을 뿐입니다.'

하고 말할 수도 있을 것이다. 하지만 인생이라는 연극에서는 3막만으로도 훌륭한 드라마가 될 수 있다. 언제 그 연극의 막을 내릴 것인가를 결정하는 이는 그대를 고용하고 이제는 해고시키려는 자연인 것이다. 그리고 자연의 결정은 그대가 상관할 바가 아니다. 만족한 마음으로 조용히 물러간다면, 해고시킨 자연도 만족한 미소를 지을 것이다.

고전으로 미래를 읽는다 025

명상록

초판 1쇄 발행 _ 1979년 2월 25일
3판 1쇄 발행 _ 2017년 1월 5일

옮긴이 _ 장백일
펴낸이 _ 지윤환
펴낸곳 _ 홍신문화사

출판 등록 _ 1972년 12월 5일(제6-0620호)
주소 _ 서울시 동대문구 용두 2동 730-4(4층)
대표 전화 _ (02) 953-0476
팩스 _ (02) 953-0605

ISBN 978-89-7055-694-9 03160